1921-2021
厦门大学
XIAMEN UNIVERSITY

厦门大学百年校庆系列出版物

百年精神文化系列

我的厦大范儿

王洁松　主编

厦门大学出版社
XIAMEN UNIVERSITY PRESS
国家一级出版社
全国百佳图书出版单位

图书在版编目(CIP)数据

我的厦大范儿/王洁松主编.—厦门:厦门大学出版社,2021.3
(百年精神文化系列)
ISBN 978-7-5615-8126-1

Ⅰ.①我… Ⅱ.①王… Ⅲ.①厦门大学—教师—生平事迹 ②厦门大学—毕业生—生平事迹 Ⅳ.①K820.7

中国版本图书馆 CIP 数据核字(2021)第 045376 号

出 版 人 郑文礼
责任编辑 冀 钦 廖婉瑜
美术编辑 蒋卓群
技术编辑 朱 楷

出版发行 厦门大学出版社
社 址 厦门市软件园二期望海路 39 号
邮政编码 361008
总 机 0592-2181111 0592-2181406(传真)
营销中心 0592-2184458 0592-2181365
网 址 http://www.xmupress.com
邮 箱 xmup@xmupress.com
印 刷 厦门市明亮彩印有限公司

开本 720 mm×1 000 mm 1/16
印张 14.5
插页 2
字数 186 千字
版次 2021 年 3 月第 1 版
印次 2021 年 3 月第 1 次印刷
定价 55.00 元

厦门大学出版社
微信二维码

厦门大学出版社
微博二维码

本书编委会名单

顾　问：张　彦　张　荣

主　编：王洁松

副主编：李胜男

编　委：谢丹琳　王岩芳　吴婷婷

总 序

厦门大学 党委书记 张 彦
校 长 张 荣

2021年4月6日，厦门大学百年华诞。百载风雨，十秩辉煌，这是厦门大学发展的里程碑，继往开来的新起点。全校师生员工和海内外校友满怀深情地期盼这一荣耀时刻的到来。

为迎接百年校庆，学校在三年前就启动了“百年校庆系列出版工程”的筹备工作，专门成立“厦门大学百年校庆系列出版物编委会”，加强领导，统一部署。各院系、部门通力合作，众多专家学者和相关单位的工作人员全身心地参与到这项工作之中。同志们满怀高度的责任感和紧迫感，以“提升质量，确保进度，打造精品”为目标，争分夺秒，全力以赴，使这项出版工程得以快速顺利地进行。在这个重要的历史时刻，总结厦大百年奋斗历史，阐扬百年厦大“四种精神”，抒写厦大为伟大祖国所做出的突出贡献，激发厦大人的自豪感和使命感，无疑是献给百岁厦大最好的生日礼物。

“百年校庆系列出版工程”包括组织编撰百年校史、百年组织机构史、百年院系史、百年精神文化、百年学术论著选刊、校史资料与学生名录……有多个系列近150种图书将与广大读者见面。从图书规模、涉及领域、参编人员等角度看，此项出版工程极为浩大。这些出版物的问世，将为学校留下大量珍贵的历史资料，为学校深入开展校史教育提供丰富生动的素材，也将为弘扬厦门大学“自强不息，止于至善”校训精神注入时代的新鲜血液，帮助人们透过“中国最美大学校园”

的山海空间和历史回响，更加清晰地理解厦门大学在中国发展进程中发挥的独特作用、扮演的重要角色，领略“南方之强”的文化与精神魅力。

百年校庆系列出版物将多方呈现百年厦大的精彩历史画卷。这些凝聚全校师生员工心血的出版物，让我们感受到厦大人弦歌不辍的精神风貌。图文并茂的《厦门大学百年校史》，穿越历史长廊，带领我们聆听厦大不平凡百年岁月的历史足音。《为吾国放一异彩——厦门大学与伟大祖国》浓墨重彩地记述厦门大学与全国34个省级行政区以及福建省九市一区一县血浓于水的校地情缘，从中可以读出厦门大学在中华民族伟大复兴征程中留下的深深烙印。参与面最广的“厦门大学百年院系史系列”、《厦门大学百年组织机构史》，共有30多个学院和直属单位参与编写，通过对厦门大学各学院和组织机构发展脉络、演变轨迹的细致梳理，深入介绍厦门大学的党建工作、学科建设、人才培养、组织管理、社会服务等方面的发展历程，展示办学成就，彰显办学特色。《厦门大学校史资料选编（1992—2017）》和《南强之星——厦门大学学生名录（2010—2019）》，连同已经出版的同类史料，将较完整、翔实地展现学校发展轨迹，记录下每位厦大学子的荣耀。“厦门大学百年精神文化系列”涵盖人物传记和校园风采两大主题，其中《陈嘉庚传》在搜集大量史料的基础上，以时代精神和崭新视角，生动展现了校主陈嘉庚先生的丰功伟绩。此次推出《林文庆传》《萨本栋传》《汪德耀传》《王亚南传》四部厦门大学老校长传记，是对他们为厦大发展所做出的突出贡献的深切缅怀。厦大校友、红军会计制度创始人、中国共产党金融事业奠基人之一高捷成的传记《我的祖父高捷成》，则是首次全面地介绍这位为中国人民解放事业做出杰出贡献的烈士的事迹。新版《陈景润传》，把这位“最美奋斗者”、“感动中国人物”、令厦大人骄傲的杰出校友、世界著名数学家不平凡的人生再次展现在我们眼前。抒写校园风采的《厦门大学百年建筑》、《厦门大学餐饮百年》、《建南大舞台》、《芙蓉园里尽芳菲》、《我的厦大老师》（百年华诞纪念专辑）、《创新创业厦大人2》、

《志愿之光》、《让建南钟声传响大山深处》、《我的厦大范儿》以及潘维廉的《我在厦大三十年》等，都从不同的角度，引领我们去品读厦门大学的真正内涵，感受厦门大学浓郁的人文精神和科学精神。

此次出版的“厦门大学百年学术论著选刊”，由专家学者精选，重刊一批厦大已故著名学者在校工作期间完成的、具有重要价值的学术论著（包括讲义、未刊印的论著稿本等），目的在于反映和宣传厦门大学百年来的学术成就和贡献，挖掘百年来厦门大学丰厚的历史积淀和传统资源，展示厦门大学的学术底蕴，重建“厦大学派”，为学校“双一流”建设提供学术传统的支撑。学校将把这项工作列入长期规划，在百年校庆时出版第一辑共40种，今后还将陆续出版。

“自强！自强！学海何洋洋！”100年前，陈嘉庚先生于民族危难之际，抱着“教育为立国之本，兴学乃国民天职”的信念，创办了厦门大学这所中国历史上第一所由华侨独资建设的大学。100年来，厦大人秉承“研究高深学术，养成专门人才，阐扬世界文化”的办学宗旨，在实现中华民族伟大复兴的征程上书写自己的精彩篇章。我们相信，当百年校庆的欢庆浪潮归于平静时，这些出版物将会是一串串熠熠生辉的耀眼珍珠，成为记录厦门大学百年奋斗之旅的永恒坐标，成为流淌在人们心中的美好记忆，并将不断激励我们不忘初心继承传统，牢记使命乘风破浪，向着中国特色世界一流大学目标奋勇前行！

张彦　张荣

2020年12月

序

韶光流转，盛事如约，厦门大学正朝着实现"两个一百年"奋斗目标、建设中国特色世界一流大学阔步迈进。作为一所与党同龄、为国而立、为国而兴、为国而进的高等学府，厦门大学始终把为党育人、为国育才，培养德智体美劳全面发展的社会主义建设者和接班人作为立身之本，一批又一批青年才俊踏歌前行，把激昂的青春梦融入伟大的中国梦。

在厦门大学即将迎来百年华诞之际，为了更好地回眸过去的发展历程，传承百年厦大精神，检阅第一个百年的办学成就，记录广大校友、在校师生的校园故事、时代担当和青春活力，学校编辑出版厦门大学百年校庆系列出版物，本书即为其一。"范儿"指一个人整体的风骨、风格、风度、风范和风采，是内心的高洁价值追求、外在的阳光自信形象、扎实的创新创业作为的统一体。本书以"我的厦大范儿"命名，选取王焰金、李剑锋、许年行、李煦炜、布阿提坎姆·艾萨、李汉鹏、陈龙、陈恭明等一群相对年轻师生的鲜活故事，就是想通过对他们"范儿"的生动描摹，折射出广大师生的精神风貌和青春风采，彰显当代厦大人的担当、责任与奉献。也因为故事的主人公们相对年轻，活力满满、朝气勃勃，本书的文风也更轻快活泼一些。

本书分为三部分。"知行合一"部分，主要记录师生社会实践、留校任教、竞赛比拼等经历；"青春建功"部分，主要讲述校友扎根基层、入伍参军、艰苦创业等故事；"多彩校园"部分，主要梳理学子求学之路、个人成长、师生情谊等内容。百载沉淀，百载希冀，每一个故事的背后，都是厦大人对校训

的坚守与诠释，对嘉庚精神的传承与发扬。相信读完此书，读者们也能体会到当代厦大人到底具有什么样的“范儿”了。我们以此书缅怀先贤、激励后学，期待着在新百年、新征程，更多有“范儿”的厦大人不断涌现。

谨为序。

《我的厦大范儿》编委会

2020 年 12 月 1 日

◎目　录

第一篇　知行合一

第二篇　青春建功

第三篇　多彩校园

第一篇

知行合一

扬帆启航二十载　朝暮与共厦大情

◎ 曾芷霖　厦门大学数学科学学院2019级本科生

◎人物简介：

王焰金，厦门大学数学科学学院教授、博士生导师。本科、博士毕业于厦门大学，美国布朗大学联合培养博士、访问学者，香港中文大学博士后、访问学者。入选国家高层次青年人才，获2013年全国百篇优秀博士学位论文奖，2015年福建省自然科学杰出青年基金，2015年福建省高校新世纪优秀人才支持计划。主要从事流体力学中的非线性偏微分方程的数学理论研究，论文发表在*Advances in Mathematics*、*Archive for Rational Mechanics and Analysis*、*Communications in Mathematical Physics*、*Communications in Partial Differential Equations*、*Journal de Mathématiques Pures et Appliquées*等国际一流杂志。

春去秋来，白鹭悠悠，见证了王焰金老师在厦门大学的一步步成长，从本科到博士，从学生到教师……不知不觉在厦学习、工作以及生活了二十年，这段时光已然成为他生命里最主要的一部分。无论当初报考厦大选择数学，还是读研选择偏微分方程，也许都只是一次次“随缘”的选择，但无心插柳柳成荫，王老师在厦园绽放着属于他的光。

一、勇攀高峰的景润青年

偏微分方程的研究往往需要很多新的想法或者观察，毫无思绪时很苦恼、着急，可当灵光闪现时又很激动。为了验证自己的想法是否可行，王焰金老师有时会半夜起床验算，偶尔夜里加班验算到凌晨三四点也不稀奇。

在科学探索的道路上，遇到困难是常有的事情。王老师对此持乐观态度：遇到困难，非常正常。如果毫无困难，那说明研究内容毫无意义，如果困难不大，说明意义也不大。好的工作一定是有大困难的，需要一些新的想法和技巧。所以碰到困难，说明找到了好的问题研究。

正是凭借着这股“追求真知，勇攀高峰”的精神，迎着荆棘长风笃行向前，王老师在学生时代已崭露头角，毕业留校后更是全身心投入其研究工作，用热爱诠释态度。王焰金老师入选国家高层次青年人才，曾获全国优秀博士学位论文奖，主持和参与了国家级和省部级多个科研项目，入选多个人才计划。王老师近几年主要研究流体力学中偏微分方程的自由边界问题，在 *Adv.Math.*、*ARMA*、*CMP*、*CPDE*、*JMPA* 等本领域国际重要学术期刊上发表论文 30 篇，获得了国内外专家的肯定，并被同行引用。

二、风行鹭岛的南强教师

从学生到教师这一身份上的转变，对于王焰金老师来说是“面对十几年前的自己”那种奇怪而又美好的感觉。学生时期，只需要自己理解、掌握知识点，而作为教师，需要把知识点解释给学生理解，而且要清楚有些学生为什么会不理解。在日复一日的教学过程中，科研虽忙，但王老师非常重视与学生的交流，十几年如一日。他坚信，交流是一个相互促进、相互学习的过程，学生跳跃性的思路可以激发他的灵感，和学生在一起，可以保持一个年轻的心态；同时，他也能及时了解学生的想法，达到更好的教学效果。

当研究生在科研方面遇到困难时，王焰金老师总能以自己独特而轻松的方法进行开导、化解，始终展现着积极态度：“一个好的工作，往往需要坚持几年，有可能不知何时能做出来，也可能做不出来，这是正常的。不妨先放一放，再复习下本科的基础课程放松放松，如数学分析；现在回过头来看，本科的基础课程真的非常重要，所涉及的思想和方法都是先前数学大师们积累下来的，说不定哪个想法就能激发你的灵感。同时，碰到困难停滞不前时，不妨趁这个时间多看些文献，多积累，就算提高下英语写作能力也是挺好的。也不妨多去锻炼，上网看电影和找朋友聚聚。但是心中始终要有坚持下去的信念，一旦调整过来，或者有想法时，再回来继续手上的工作。”

王焰金老师独特的教学魅力和严谨的科研态度，赢得了学生们的喜爱。厦大老教师们师德高尚、默默耕耘，用大爱铸就伟大的师德丰碑，谱写无私的奉献之歌，这更是王老师的心之所向。现如今，薪火相传，继往开来，他也成为数学路上的一盏明灯，在“共筑数学强国梦，砥砺奋进双一流”的征程上闪闪发光。

三、初心不改，此生不负厦大情

白城潮起潮落，凤凰花开花谢，转眼间，就是与厦大共成长的近二十年。他以热爱书写梦想，用坚定唱响希望。在厦大，他找到亲爱的，不负热爱的：他遇见了一生最爱并建立了自己温馨幸福的三口之家，他一路向前，在教学和科研上闪耀着滚烫的光芒。左手奖杯，右手玫瑰，如今

厦大就是王老师生活和工作的全部。

此生无悔入厦大。厦门大学对王老师来说，是主场，是战场，是舞台，也是港湾。当喧嚣褪去，厦大之情永存。厦大之于他，永远是最美好幸福的。面对困难，哪怕是“莫兰蒂”过后，校园一片狼藉，他心中也怀着重建校园的热情。

近二十个春夏秋冬，王老师对这座给予他养分、让他尽情绽放的东南学府始终心怀感恩与赤诚。玉汝于成，功不唐捐。在他个人主页上，红色醒目的“自强不息，止于至善”，早已成为王老师作为厦大学子、厦大教师血液里的一部分；在勇攀数学高峰的途中，他致力于推动厦大发展，追求厦大数学更上一层楼，用实际行动诠释了厦门大学的四种精神。

青山不改，绿水长流。2021 是厦门大学建校一百周年，王焰金老师坚信：厦门大学的明天，一定会更好！这二十年只是启航，未来我们继续砥砺前行。

是微光，也可以成为炬火

◎ 李煦炜　厦门大学经济学院 2012 级本科生

◎人物简介：

李煦炜，厦门大学经济学院国际经济与贸易专业 2012 级本科生。2016 年大学毕业后参加美丽中国支教项目，到广东省梅州市大埔县西河镇横溪学校支教两年，担任语文、数学、美术老师，同时开办美术兴趣班、建设图书室，带领山区学生到厦门大学游学，并为学校筹集超过 15 万元资金及物资用于改善办学条件。因支教期间表现突出，于 2017 年厦门大学毕业典礼上受邀作为优秀校友代表发言，于 2018 年获评广东省五星志愿者，至今依然在公益领域贡献自己的力量。

夜幕降临，此刻我坐在大都市的办公桌前，看着窗外的灯火阑珊，脑子里却总是会闪回到横溪的夜晚。虽然已经离开，但横溪学校的溪水虫鸣，抬头望见满天繁星时静谧与安宁的感觉，依然萦绕我心。

那年夏天，刚刚大学毕业的我第一次来到横溪学校时，有失落也有惊喜。远山、近楼、小操场，满眼都是绿色。初来乍到的我内心满怀对教育的热爱，对未来的希冀，即便对农村教育的现状知之甚少，也时常想着要去改变些什么。我也相信两年时间，可以改变很多。

在刚来学校的时候我发现这里的孩子从来没有上过美术课。因为缺少老师、缺少设备，所以学校的美术课一直开不起来。偶然间，我发现了我的一个学生，他叫小裕（化名），他在一张作业纸上随手画了一个奇奇

广东省梅州市大埔县西河镇横溪学校

怪怪的小人，我就问他画的是什么，这小孩就开始眉飞色舞地讲了起来，当时我就觉得这小孩脑子里满是天马行空的想象，也觉得自己远远不及他。后来我发现，在这所乡村学校里有很多像小裕这样有天赋的孩子。

作为一个美术老师，我想让他们看到更多的可能性。在一次美术课上，我讲到了我的母校厦门大学有一条涂鸦隧道，叫芙蓉隧道，里面是各种各样的画，我在这条隧道里找到了非常多的灵感，也曾在隧道里画过自己的作品。我希望给这些孩子更多的灵感，于是我选了四个孩子，打算找机会带他们去厦门大学游学。

2017 年 3 月，在木棉花开的时候，我真的就带着四个学生去我的母校厦门大学游学。我带他们参观图书馆，去食堂排队吃饭，参观材料学院的博物馆。这些对于我来说，只是稀松平常的小事情，但是对于这几个孩子来说却是影响他们一辈子的大事情。回去后这四个孩子很开心地和同学们讲他们这几天去了哪里，做了什么，遇到了什么人。其中有个孩子说她要好好努力，争取考上厦门大学。当很多孩子都告诉我说他们要考厦门大学，这个时候我发现原来我在他们心里面已经种下了更多的种子。

2017 年 3 月带学生回厦门大学游学

在我支教的两年中，可能最骄傲的事情是给学校留下了一间图书室。我和我的队友沈丽（她也是厦大人），用了两年的时间重建图书室。初到这所学校时，我也很好奇这里的图书馆是什么样的，然而，这里并没有图书馆，或者说只有一个放了一些书的屋子。于是我和我的队友开始一本书一本书地编码整理、录入系统，这件事儿，从 2016 年干到了 2017 年。2017 年 4 月，经过募集、整理的五千多册图书面向全校学生开放借阅。我清楚地记得开放那天他们的眼神，从他们的眼神里感觉到他们有多么想要有书看，也希望他们能够在书里找到更多的快乐。而两年里在这间图书室发生了许多的故事。

记得我在图书室的黑板上曾经写下的一句话：“没有一艘船能像一本书，也没有一匹骏马能像一页跳跃着的诗行那样，把人带往远方。”而我

与队友沈丽及学生一起整理图书

想，可能也没有什么职业能够像老师一样影响人的一生吧。

在那两年里，我看到孩子们的动手能力、学习习惯慢慢被培养起来，看到一些孩子因为阅读而有所改变，看到了许许多多纯净的内心……

但也时常会感觉挫败，会发现无力去改变一些事情：复杂的家庭环境直接导致了问题孩子的出现；周围环境的影响让他们没有学习的动力；想努力去对抗流行文化的渗透，培养他们尊重、勇敢、坚韧的品质，却收效甚微。

我时常回想起我刚见到这群孩子时他们的样子，也总是不断在问自己，支教的两年收获了什么？ 脑子里不断浮现出这两年里的点点滴滴，画面生动，犹如昨日。

在我的班级曾经发生过这样的一件事情。 班上有一个叫小霖（化名）的孩子。 这孩子平常在课堂上总是会有一些奇怪的行为，有一次我在写完板书转过身时发现他靠着墙边，努力地想要来个倒立。

后来有一天，我走在放学后的街上，看到了这个孩子。 我问他乘法口诀会背了吗？ 他摇了摇头，不吭声。 我说：“那你回去拿书，老师陪你一起背。”他回屋取来了自己已没有封面的皱皱巴巴的数学书。 然后我们两个人坐在街边的台阶上，一起背书。 背完书后，我抬头才发现昏暗的街道上只剩下我们俩。 那孩子说：“老师，我送你回去，我是男子汉。”

在我的人生中有无数个两个小时，但那两个小时是我度过的最坚定也是最温暖的两个小时，他手心的温度从夜晚潮湿的空气中透过我的指尖传递过来，是我一生都难以忘怀的记忆。

两年的支教生活，让我有了更多的思考，也许支教这件事情是“影响”而不是“改变”。 不期望孩子们有彻底的改变或者是成绩突飞猛进，只是希望在我们的影响下他们能够有更多接触不同事物的机会，养成良好的习惯，树立正确的人生观和价值观。 我们是这些孩子的播种者，给他们浇水、施肥，然后期待着他们长大，也许在几年、十几年里我可能看不到他们发芽、开花、结果，但总有一天会有无数的花骨朵点缀未来的岁月。

与学生一起

2017 年夏天，母校厦门大学邀请我回去作为校友代表在毕业典礼上发言，分享我在美丽中国支教项目的点滴故事。我很骄傲，不只是为台上淡定从容的自己，也为自己所做的事情，以及这一群人所付出的努力。支教教会了我，去培养自己面对重重打击的毅力、面对纷繁复杂环境的韧性。再回到大城市打拼时，我可以带着更丰富的经历、更广阔的视野、更深入的一线工作经验，闪闪发光地站在这个世界面前，“育人，遇自己”大抵如此。

在厦门大学 2017 年社会科学学部毕业典礼作为校友代表发言

2018 年夏天，我结束了两年支教生活。结束的时候，我忽然意识到两年就这样过去了，我已经走过了我的两年。结束项目之后，很多人都问我，为什么会选择留在公益领域？为什么会留在美丽中国支教项目的招募团队继续工作，我总是笑一笑，不会说很多。

支教结束后，当我慢慢从支教光环中抽离出来，开始成为一名工作人员，去适应那些并没有那么简单的事情。知易行难，在公益领域工作，总是会遇到这样那样的问题，仍然常常会被生活的复杂性所刺伤，我也曾想过要放弃。

过去的一年多，我常常一个人出很久的差，奔走在高校的校园里，也常常在酒店或者夜晚的航班上难以入眠。我也时常感慨，很幸运，能够用自己的力量，招募一群才华横溢且富有责任心的人，而这些人，会去广东、广西、云南、甘肃、福建的乡村，成为更多孩子的老师，而我，其实不过想用另一种方式陪伴那些孩子成长。这也是在很多次孤独的出差中让我能够坚持下来的原因。在很多的时候都还不尽如人意，但却又总在不经意间热泪盈眶，也时常会告诉自己要保持这种热泪盈眶，继续行走在行动的路上，用自己信仰的知识，去推动改变的发生。

2019 年的夏天，当我这一年招募到的老师真正站上讲台时，我感慨颇多，也仿佛看到了 2016 年夏天那个满腔热血的自己。我在朋友圈给新一届项目老师分享了这样的一段话：瓦茨拉夫·哈维尔说，我们坚持一件事情，并不是因为这样做就会有效果，而是坚信这样做是对的。正是因为对美好事物的向往，我们相聚在一起，而我们在一起，本身就很了不起，这一点，值得我们为自己而骄傲。

一个人的两年是微光，一群人的两年却可以成为炬火，我们在做的这些事情，也许都是些小事情，但当这些小事情汇集到一起时，就会成为影响整个社会的一件大事。

回归大都市后，我时常会怀念那无数个月光满窗的夜晚，怀念那山间的风，孩童的笑，怀念走过的春夏秋冬，也怀念曾经在那片土地上努力的自己。于横溪而言，于美丽中国支教项目而言，于万千为中国乡村教育而努力的老师们而言，我不过是一束微光，后来者们会让这光芒留在乡村的山水间，从不停止闪烁。

是微光，却也可以成为炬火。

我在厦大那些事

◎ 李剑锋　厦门大学化学化工学院教授

◎人物简介：

李剑锋，厦门大学化学化工学院教授。本科毕业于浙江大学，博士毕业于厦门大学，之后在瑞士伯尔尼大学和瑞士苏黎世联邦理工学院从事博士后研究。主要研究领域为拉曼光谱、电化学/催化、现场快检。在包括 *Nature*、*Nature Energy*、*Nature Mater.*、*Nature Nanotechnol.*、*Nature Catal.*、*Chem. Rev.*等期刊上发表论文 150 篇左右，被引用 9000 余次。担任物理化学权威期刊 *J. Phys. Chem.*的副主编。曾获杰出青年基金、中国青年科技奖、“万人计划”科技创新领军人才和高层次青年人才。

我叫李剑锋，男，号称“厦门大学化学化工学院最重量级的”，主要体现在吨位大，体型胖。1999 年考入浙江大学化学系。2003 年，于母校浙江大学毕业，进入厦门大学，成为一名硕士研究生后又提前攻读博士，师从如今的田中群院士，从事拉曼光谱研究。

攻读博士学位期间，记忆犹新的是现在早已不复存在的厦大西村小吃一条街。每日，结束了繁重的实验后，约上三五好友，相聚凌晨小吃摊。谈天说地，道古论今为“主菜”，再添些花边新闻和对彼此实验的调侃作为配料，遣散周身疲乏，自有一番乐趣。强健的体魄素来被圈子里的人认为是攀登科研高峰的基石，因此，我们课题组经常会组织爬山活动。然而，爬山是我最不喜欢的运动之一。每次爬山，最吸引我的不是秀美的景色，而是山脚下那诱人的烧烤，所以每次帮大家在山脚下看包就是我的神圣职责。一直以来，跟我一起成长的不仅是我的年龄，还有我的体重，这都是美食一点一点在我体内发生化学反应的结果，毕竟浪费是可耻的。那时候，我最喜欢吃的就是冰镇西瓜。买个清甜爽口的西瓜，放入冰箱冷藏，西瓜在数小时的低温作用下变得脆甜可口。来一口冰西瓜，瞬间将我从实验劳顿中解脱，重新变得精神抖擞，再约场游戏，攻关打垒绝不手软。早晨是我养精蓄锐、调养内功之时，这样我的精力就会在夜深人静时达到巅峰。凌晨的实验室，无人打扰，只有我和实验仪器并肩作战，为梦想而奋斗。日复一日，经历不计其数的失败，一次次地总结教训，讨论实验，更改方案。终于，功夫不负有心人，我付诸五年心血的力作，得以在顶级期刊 *Nature* 上发表。这时，不仅是我，我的小伙伴，连我的严师田中群教授，脸上也漾起心满意足的微笑。

博士毕业后，我相继在瑞士伯尔尼大学和瑞士苏黎世联邦理工学院继续进行深入的研究学习。这一时期，我不仅在科研道路上愈走愈坚定，我的厨艺也有了一定的造诣。我非常认可一个说法，就是化学实验做得好的人，饭菜一定做得好，因为两者有一定相似之处。首先是立意，从资料中查阅相关信息，确定要做什么；其次，按照资料中的推荐购买相关原料，做好准备；再次，设计方案，在资料基础上，结合自身实际确定相关步骤，在进行过程中充分思考，发挥创意；最终，从所得到的反馈，总结做菜过程中出现的问题，思考最佳解决方案。在数次尝试后，一盘闻名远近、富有个人特色的“红烧猪蹄”诞生了，而且“闻名”伯尔尼。

大概是命运的安排，从瑞士回国后，我又回到母校厦大，与以往不同，这次我成为一名老师，一位化学化工学院的教授。成为人师，当以校为家，与学生为友；刻苦钻研，以身作则，我不再是一个人努力，我将要带领我的团队一起奋斗。学高为师，身正为范，这要求我不仅要成为学生科研道路上的引路人，也要成为他们人生旅途的一盏明灯。初建实验室时，面对空空如也的实验室，我信心满满、踌躇满志。在厦门大学各位领导和田老师的帮助下，从一开始仅有几台加热搅拌仪的实验室，及5个学生的研究小组，发展到现在拥有拉曼光谱、扫描电镜等多种先进分析检测仪器，并有来自中、美、英、印度等国家的30多人的研究团队。在我们团队的共同努力下，近几年研究成果均发表在CNS系列顶级期刊上。这离不开国家、学校各位领导和老师对我们课题组的帮助，同时也感谢我的学生辛勤努力地工作。你们是好样的！

那些付出的汗水都不会白费，机遇和天赋的结合往往会发生奇妙反应。在厦大这几年，我先后获得国家杰出青年基金获得者（2019年），国家自然科学奖二等奖（排名第三，2019年），中组部“万人计划”科技创新领军人才（2019年），中国青年科技奖（2018年），国家优秀青年基金获得者（2015年），全国百篇优秀博士论文奖（2013年）等奖项和荣誉。以第一作者或通讯作者身份在*Nature*、*Nature Energy*、*Nature Mater*.等国际高水平学术刊物上发表论文150篇左右，被SCI他引9000余次，授权专利5项，撰写英语书章节4部。

事在人为，纵然前路并不平坦，但我相信，在厦门大学深厚底蕴的影响下，各位领导老师齐心协力的努力下，我们厦大师生，一定会将厦大美好的文化传承下去。不管身处何方，厦大永远都是我们的骄傲，而我们也是厦大的骄傲。

“志存高远，执着追求”是每位科研工作者的态度。选择科研这条道路，就意味着选择了与梦想为伴。在每个绞尽脑汁钻研课题的日子里，在透过厚重眼镜片紧盯仪器屏幕的工作中，任何小的突破都足以让人欣喜若狂；在为论文排兵布阵时，在和审稿人斗智斗勇时，就是一股不认输的劲头，一种对付诸极大心血工作的自信，引领我们在这条为梦想奋斗的道路上，为伊消得人憔悴，衣带渐“窄”终不悔。在新的历史机遇时期，我们科研工作者，应立足于当下，将国家对我们的希冀放在心上，努力践行时代赋予我们的使命，时刻准备着在国家有需要的时候站出来，为国家贡献力量。

“自强不息，止于至善”是厦门大学的校训，作为厦大的一分子，我们当秉承陈嘉庚先生立校训之初的期许，应该始终如一、永无止息地探寻“事理之极致”，抵达科学真理和人格精神的最高境界，在启智与道德上达到完美至善，不断追求与践行人生中至善至美的理想。

“厦”园之夏:“医骨作器”实践路

◎李　洁　厦门大学财政学专业2017级本科生

◎人物简介:

李洁，厦门大学财政学专业2017级本科生。担任“医骨作器”实践队队长，带领团队先后取得大学生创新创业项目国家级立项、《南风窗》“调研中国”百强团队、校级优秀实践队、院级优秀实践队等荣誉，个人曾获得校级积极分子、三好学生称号，连续两次获得国家励志奖学金。

这个夏天，对于我们这样一群厦大学子来说，有着别样意义。我们终于走出了人生中第一步，理论联系实际，一切所学所获得以转化为实践。而我们迈出这样一步，既是外部环境推着我们前进，也是内心深处自强不息精神的驱动，一切的“不得不”最终化作“我能行”。无论是未知的挑战，还是内心的焦虑，当这些被我们一项一项克服时，我们内心有一种自豪感油然而生。我们庆幸，作为一名厦大人，我们从未退缩。回顾来时路，那短短几个月的每个印记都那么深刻。

一、四缺一，缺个队长

“四缺一，缺个队长”，这是出现在聊天窗的一句话，也是莫名触动我的一句话。当时内心有种迫切感，甚至感觉心跳有一瞬间加速，我点开了发信人的聊天窗后，犹豫了大约 10 秒钟，开始打字：“请问你们找到队长了吗？”对方回复很快，初步了解情况后，我们迅速建立了群聊，开始了我的“压迫之旅”。

在没有课题、没有思路的前提下，我们凭什么开始？ 而我凭什么做队长？ 这个是我在快速入组后问自己的第一个问题，我在思考了两天后给了自己和组员一个这样的承诺：“不敷衍”，对于任何一项工作做到自己满意；“不拖沓”，对于任何一项工作永远保证按时完成；“不退缩”，对于任何一个难题都要想办法解决，而不是选择后退。 而这三个“不”，最后在我们第一次见面时，总结出很简单的一句话，“我们不是为了学分而聚在这里的”。

很庆幸，我们有着共同的目标，有着同样坚定的信念，团队一步一步磨合，终于初步成型。

二、“厦”予灵感，课题初现

一个好的课题可谓是成功的开始。 而在我们苦苦琢磨了两周后，仍旧是无果。 那天我们 5 个人聚在湖畔咖啡厅，在一张白纸上写下了 10 多个方向，“养老”“携卡转网”……一个一个被我们写上去，又一个一个被我们无奈地划掉。 我们在湖畔咖啡厅这样坐了将近两个小时，仍旧没有结果，最终我只能说“大家回去再想想吧，我们下次再来”。 下次会有结果吗？ 下次会有课题吗？ 我们都不知道。

我回去后又翻起了关注的微信推送、“今日头条”、“人民日报”、中国知网等一切有可能获得信息的渠道，试图找到一点灵感，仍旧无果。 但是会议还是照旧要开，下一周又来了，当时我的内心顿生一种无力感和恐惧感，难道连第一步都走不出去吗？ 我这样问过自己。

这次会议，我们又开始新一轮的讨论，然而会议刚开始就陷入了僵局。 我们 5 个人坐着气氛有些沉默，其中有人说道：“难道我们队伍刚成立就要散了吗？”尽管心里没底，我还是说：“怎么可能，现在离提交策划的时间还很久，我们慢慢想。”我们都知道这是安慰，但是既然 5 个人走到了一起，我们就不想再给自己留下退路。 那天又是一场头脑风暴，然而我们依旧没有结果，快结束的时候，有人问了一句“最近热点是什么呀？”，然后记得我们团队有人说了一句“好像是人工智能吧”。 接着就有人说：“我们学校好像是新开了这样一个专业，最近很多老师上课有讲过这个专业。”“我们走这个方向怎么样？ 我昨天好像看了一篇人工智能领域的推送，是医疗机器人的，我给你们看看。”这句话是晓萍讲的，我清晰地记得。 她翻出推送分享给我们，当我们浏览完，我们看了看彼此。“要不我们暂定这个方向？”晓萍这样试探性地一问。 我看了看大家，说道：“要不我们举手表决吧。”结果就是我们真的把“暂定”继续下去了。

三、老师助力，南风窗奠基

在策划书初步成型后，我们开始寻找指导老师的艰难旅程，因为“医疗机器人＋经济”方向对老师的研究领域也提出了相关要求，我们努力在学院网站上面寻找可能接受我们研究课题的老师，在最初遍寻无果后，我们决定将范围锁定在“经济＋医疗”这一领域，而在这一范围内，我们很快有了收获，我们统计学老师就有过这方面的研究经历，当时内心欣喜，我很快就联系上了老师，并和老师约好了见面时间。

我带着我们初步的项目策划书去见了老师，老师听我介绍完项目，翻阅文稿后，老师脸上的神态并没有放松下来，我心里咯噔一下，老师开口说道：“你们做的领域我有了解过，但是国内现在做这个的很少，而且能够搜集的数据和掌握的资料有限，你们确定要做这个吗？”我已经不记得自己当时是怎样具体回复老师这个问题了，我只记得自己给了老师一个肯定的回答，老师听完后合上了计划书，对我们说道：“虽然老师也不知道最后你们结果如何，但是老师支持你们探索下去，或许在人工智能领域不能给你们太多帮助，但是在问卷制作、数据分析方面有问题的话可以随时联系老师，希望你们坚持下去。”

在此之后，我们将项目策划书精心修改后，投到了《南风窗》“调研中国”项目组，很幸运地收到了第一个捷报——我们成功入围“调研中国”百强团队。而很快我们就遇到了打击，在前五十强争夺中，由于当时项目进展不顺，无缘前五十。接着将项目提交学院后，我们又再次与“校重点”项目评选擦肩而过，两次失败给我们带来了巨大的失落感，那一段时光，不管是队员还是我，都在忧虑项目能否继续开展下去。

直到那天傍晚，我接到了这样一个电话：“喂，李洁同学你好，我是你们的辅导员蔡老师，我看到了你们的策划书，对你们的项目很感兴趣，请问你们团队愿意接受老师的加入吗？”我当时紧紧握着手机，仿佛要将它捏碎，阳台上仍旧是空调在嗡嗡作响，我却仿佛什么都听不见了，身上仍旧流着汗，但是心里却是凉丝丝的，清爽极了。

四、刻骨铭心，身体力行

我们的实践地点选定在北京，这是我第一次在没有家人陪伴的情况下前往一个陌生城市，这也是我第一次到达我内心向往的首都——北京。

出发前的那一晚，我内心激动，但真正踏上旅程，我又开始焦虑起来，随着这趟北上的列车和目的地距离愈近，我内心愈发惶恐。

我们事前已经联系好了教授、公司经理、医院主任，但是我们每个人仍旧存在忧虑。当天到达的时候，我的心就像是压了一颗大石头，每一次呼吸都是沉重的。于是当天晚上，我们开了一场临时会议，准备第二天北京航空航天大学的行程，确认每一个细节。然而没有想到，我们被拦在了门口。和保安沟通 10 分钟无果后，我们决定尝试最后一个方法，直接联系采访的教授，当时，上午 9 点的阳光明媚，但是我们的心却是凉的。电话拨出的那一瞬间，我屏住了呼吸，直到听到了通过电流传来北航刘文勇老师陌生而又亲切的问候和询问，“同学，你们好，你们到了吗？在哪个校门，我去接你们，学校管理严格，我给你们办理一下手续就可以了”。当时鼻尖和眼窝涌上的一股热意，是我最难忘的记忆。我们在刘老师的帮助下，顺利进了门，而这顺利的进门也仿佛预示着接下来采访的一切顺利，由于正值假期，刘老师的研究任务不是很繁重，他甚至将原定为 30 分钟的采访时间变成了两个半小时的交流分享，而这两个半小时的时间，也是真正让我们实践走出第一步的黄金时刻。

接下来的几天里，我们一同穿过了北京最为繁华的路段，接受着早餐店里、地铁口人们善意的打量和询问，我们都尽力克服“午困”这一障碍，穿梭在城市地铁里，努力按时赶往下一目的地。那天下午，我们第一次接触到了康复机器人，并有队员切身体验这一成果，我们真正感受着科技的力量，内心有着这样一种信念：“未来将是人工智能的时代，医疗机器人将有一席之地。”

始于北航，终于北航，在我们完成最后一天对北航王老师的采访时，这趟旅程终于有了一个完美的句号。当我提着行囊到达北京西站时，心

实践队队员与北航刘文勇老师合影

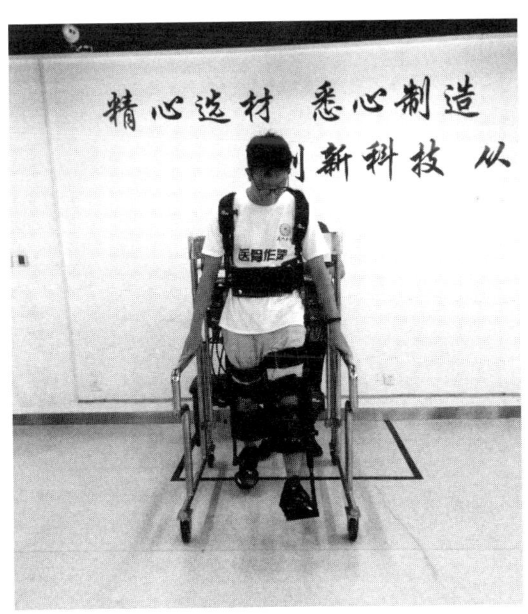

康复机器人体验

悄悄落下了。

这一路走来，我们虽然遇到那么多困难，但是最后都在队员的努力和老师的帮助下得以解决。我们也更加真实体会到，当我们真正走入社会，作为“中国青年”“厦大学子”，我们身上肩负着沉甸甸的责任和未来。

青春无悔，初心不负

◎ 齐笑婕 厦门大学台湾研究院 2018 级直博生

◎人物简介：

齐笑婕，厦门大学台湾研究院 2018 级直博生，现任厦门大学研究生会主席团成员、厦门大学台湾研究院研究生会主席团成员。自 2018 年入学以来，积极参与各类学术会议和学生组织活动，于 2018 年 7 月跟随“青马工程”前往井冈山进行暑期社会实践，曾获厦门大学第十五期研究生骨干培训班演说节最佳即兴分享者、主题辩论比赛最佳辩手，团校第三期暨研究生骨干培训班优秀学员，厦门大学三好学生，台湾研究院先进个人等荣誉称号。

整理书本时，一张照片露出一角，背后的钢笔字迹吸引了我——“井冈有骨，细拭领悟；青春无悔，初心不负”。那是从井冈山回来后，我打印的一张照片，是井冈山实践团七组的合影，也是团校第三期培训班的优秀学员合影：雨过天晴的群山下，我们身穿红军服，手比“6+1”，疲惫的脸上满是笑容。这是实践结束前，最后一场户外课程的结束留念。

犹记得那天，我们由七组实践队被重新编排为三支红军队伍，那是我们第一次不是作为同一团队，而是站在了不同的阵营，展开较量。前四天的朝夕相处，让我们 15 个人对彼此格外熟悉，此刻的重组让我们所有人都有些遗憾，从朋友变成的“敌人”才是最可怕的对手！并且我们结束这场对抗比拼后，还要并肩作战去进行实践成果汇报，“输赢”那么影响心情，当时的我还有些许担忧！

户外课程合影留念

果不其然，从第一场团队展示开始，大家就火力全开，各路英雄各显其能，每个人都在新的团队中异常活跃。我和钰姗、志宇、嘉伟和俊洁有幸分到了同一组，在三十二团中，我们也是各尽所能，志宇曾是啦啦操队的教练，他编排了展示的队形与动作；钰姗人美歌甜、俊洁才华横溢，两个人负责改编队歌和口号；我和嘉伟则一起画队旗。时间有限，我们为了避雨又花费了好多时间。尽管在其他的团队中，有我们曾并肩作战的队友，但在这一刻泾渭分明，我们怀抱着必胜的决心，竭尽全力。

队名和队旗是一个团队的精神象征，最终，在我的建议下，我们选择了“狼”作为我们的图腾。“狼”，是最具有凝聚力的象征，是陆地上生物最高的食物链终结者之一，也是群居动物中最有秩序的族群。这是我们对团队的期待，也是我对团队的理解。其实，我对刚刚组建的三十二团并没有多么深刻的了解，对团队的领悟更多来源于七组，每一个人都那么优秀，我们聚在一起又是那么有战斗力。配合五角星的阵形，映山红的歌声，我相信我们“金刚狼”一定是最棒的。但是结果有些出乎我的意料。对面两个“尖刀团”与“铁拳团”虽然图腾并不精美，但是来势汹汹，一个笑着说“打狼”，一个不屑地说“手和狼”都干掉，甚至连我们原本的队长面对我们都毫不留情面地挑衅。“尖刀团”以其朗诵的激情与呐喊的气势取得了“首战”的胜利。输掉了首场比赛的我们充满遗憾，彼此打气说在下一场的竞争中要更加努力，那一瞬间，我们这些原本都不知道名字的人一下子团结起来。

三十二团“金刚狼”队形展示

从来没有一成不变的情感，也没有一成不变的关系，我们能从队友变对手，就能再一次从对手变队友。食物使我们重新成为相亲相爱的一家人。午饭采用的是“自己动手，丰衣足食”的方式，我们各展所长，有人洗菜，有人掌勺，有人和面，有人收拾碗筷与残羹；吃饭时再次分成八张桌，所有人又再次回归了自己的分组，然后兴致勃勃地讨论起上午的比赛。赢的队伍分析自己的优势，输的队伍在感慨自己的不足，然后彼此交换立场，交流在筹备中的想法与遗憾，我们好像只是各自去往了不同的战场，此刻又坐在一起共商大计，每个人带着新的想法与眼界归来，鼓励彼此继续前进。

午饭过后，我们开启了第二轮的比拼——抢滩登陆竞技赛，三支队伍进行接力比赛，最先完成两棒往返接力的队伍获胜。我们总是能够快速转变角色，上一刻还温情脉脉地感叹时光匆匆，下一刻已是摩拳擦掌跃跃欲试。划船完全是一场竞技赛，对我们在场的每一个人来说都是完全陌生的，我们认真地学习着，也暗自琢磨着如何在实操中做得更快更好。我作为第一棒的摇旗手，负责在船抵达对岸时，敲响亭内的钟，并快速返回船上，从坐在船上开始，我的心就在紧张地跳动着，像是流沙坠入我忐忑不安的心房。

抢滩登陆竞技赛

一声令下，比赛开始，坐在船头的我扯破了嗓子喊着“一二一二”的口令，协调着船只行进的节奏，船两侧的队员奋力地划着，我们协调而有序，合理的力量安排使得我们保持了直线行驶，其他两组则因为一边力大一边力小而走了斜线，或是在原地转圈。船距离对岸还有一米的时候，我便急急地跳上了河岸，向着亭子直线跑去，大雨使得草地格外泥泞，好胜心使我完全不在意一脚的淤泥，满心满眼只有铜钟。亭子的石阶满是青苔，下了雨愈加湿滑，险些滑倒的我，吓出一身冷汗，所幸有惊无险。敲响铜钟后，我急忙跑回船上，路遇“尖刀团”的旗手正要登岸，我站在船上下意识地大喊：“台阶上有青苔，小心滑倒。”随后，我们匆匆返航。岸上的音响传来教官的声音：“二十八团去截三十二团，别让他们回来！”我们这艘船的人都抗拒地大喊：“不要！”眼看着打转的二十八团离我们越来越近，我们船上一个男孩子对着二十八团大喊：“哥们，你们左边大力一些，右边先别划，把头摆正！”随后在我们两船相距不足一米时，我们伸出船桨击向他们的船侧，终于他们的船头对准了对岸，我们相背而行，各自去往自己的目的地。第一棒完美地回到了岸边，第二棒已经做好了准备，我们一上岸，他们就为我们脱下了救生衣，快速登船，交换救生衣时，我们也彼此交换着经验，划船的人说着划船的技巧，而我告诉下一棒旗手，去往亭子的路径与台阶有青苔一事，希望她避开淤泥、避免滑倒。

我们的第二棒也较为顺利，平稳地驶向对岸。回程的三十一团遇到了同二十八团一样的问题，在湖中心打转，眼看着三艘船就要纠缠在一起，一旁的教官喊着注意安全，却仍然起哄着说让彼此拦截。我们队里一个壮壮的男孩子扯着嗓子开始指挥：“三十一团左侧用力，三十二团右侧用力，二十八团先别划。对！然后二十八团两边一起用力，往前划！”在他的一番指挥下，三艘船回归了各自的轨道。岸上始终有人起哄说，不是第一大家就一起倒数第一好了。可是赛场上的三艘船仍旧奋力朝着终点努力。场下的我们为各自的团队加油，也仍旧热心地告知其他团队划船与敲钟的注意事项，我们竞争着又合作着。三十一团是最后一支返航的队伍，它驶向对岸时与返航的二十八团迎面相对，或许它可以就此截住三十一团的船，两者纠缠而行，但是它们却擦肩而过，彼此喊着“加油！”一起向着终点努力，三十一团在返航时奋起直追，最终两船不过相差一分多钟，完成比赛。在比赛的最后时刻，岸上的加油声像是一场喝彩，比送给第一名的掌声更加令人振奋，更像是一场对于公平、友谊的致敬。我们都想赢，却不屑耍任何手段；我们都怕输，却不允许自己说放弃。比赛有名次，竞技无输赢，我们都以最大的努力迎接了最好的自己！

实践结束已是傍晚时分，天上飘着丝丝细雨，我们一路下山，有人唱着歌，有人嬉笑着，新的团队有着新的友谊，尽管我们可能还不熟悉对方的名字与学院，但是笑脸相对时，就知道我们是朋友，是一个团队。山脚下，我们宣布解散返程。在所有的团队四散时，七组的我们不约而同地相聚，希望一起拍一张合影，尽管今天的我们不在同一阵营，却仍想要拥有一张合影，就像是一家人不管去了哪里都想留下一份纪念一样，于是我们有了这张合影，我也有了这张照片。

那天回到宾馆后，我们又全力投入小组成果展示的筹备之中，每个人都神采奕奕，每个人都有了更多的创意与想法，那些曾经只是附和建议的同学开始变得更加主动，那些曾经并不完善的想法也在我们的七嘴八舌下，变得周全与生动。在这一天的竞技与合作中，我们收获了不一样的自己。干训时，我就知道他们是人群中闪闪发光的那个，只不过在合作中，我们都希望减少摩擦而变得谦和与妥协，竞争让我们再一次找回冲劲满满的自己，也让我们在碰撞中遇见了更好的自己。我们各司其职又互帮互助，一同分享过这世间最奢侈的幸福。

我们来自不同的学院、不同的专业，不同的年级，只因同一个梦想相聚于此——那就是大骨（大学生骨干）梦。从前我不懂，抵达井冈山后，我才明白大骨梦的意涵：大骨梦是“咬定青山不放松”的坚韧，是“任尔东西南北风”的洒脱，大骨梦是“骞翮思远翥”的信念，是“一枝一叶总关情”的关怀。大骨梦，是每位学生干部的精神的凝聚。从小我说，是遇见更好的自己，从大家说，是奉献，是付出，是沟通学生与老师间的桥梁；是少年强则中国强的理想，心怀鸿鹄志，奋斗于至善。

结业仪式后骨干培训班合影

我们在竞争中提升自我，却又在合作中互利共赢，这就是厦大的学生骨干。毛泽东曾经说过：星星之火，可以燎原。作为个体，我们渺小而单薄，尽管闪着光却微弱，可当一群具有相同信仰的人聚在一起，那么我们的力量是巨大的，如熊熊火焰，生生不息。聚是一团火，散是满天星。此刻我们分散四方，为了我们的信仰而不断拼搏奋斗，一如满天的星斗，照亮一片天空；未来，我们相聚一堂，披星戴月而来，一同绽放出耀眼的光芒。

愿时光不老，我们不散，青春无悔，初心不负！

我的向上向善点滴

◎ 伏　朝　厦门大学经济学院 2016 级本科生

◎人物简介：

伏朝，厦门大学经济学院金融系金融学专业 2016 级本科生，现已保研厦门大学经济学院金融系保险专业攻读硕士。在校期间任经济学院第十六届学生委员会委员、学生会副主席、金融系学生会主席、班级团支部书记，积极参与创新创业活动与大学生公益活动。

2019 年 9 月，我作为福建省“向上向善·青马之光”领航工程高校优秀青年典型事迹宣讲活动的宣讲人，代表厦大向全省范围内的同学分享我志愿公益的两段经历。

我来自甘肃，生在藏区，长在藏区，受到了不少藏族文化的影响，尤其是他们对于向善的推崇给我留下了深深的烙印，所以一直以来我都期望能用自己的爱心去帮助别人。上大学以来，我一直积极地做着公益事业，践行公益已经融入我的思想深处。

在我小学时，一位远房的爷爷给我留下了一段很美好的回忆。假期的时候，我总能享受到他烧的一手好菜，跟着他到各个公园去玩；我上学见不到他的时候，他还会邮寄各种好吃的给我。刚上初中那年，他突然不让我去见他了，我很诧异。听父母说，他的乙肝引发肝癌，已经到了晚期，他怕肝病传染，不让小孩去见他。这个消息像晴天霹雳一样刺痛了我，当时眼泪夺眶而出。但是，除了为他祈祷，我什么也做不了。一股无助与难过的情绪笼罩着我许久。

2018年初，一次偶然的机会让我接触到了一个医疗创业项目。在第一次听宣讲的时候，项目负责人介绍的一项成果让我当时就认准了这个项目，我要坚持做下去。菌群移植，这项将健康人体内的肠道菌群移植到患者体内以治愈疾病的技术，可以实现乙肝大三阳转小三阳。我当时就想用这个技术去救这位爷爷。这种新型治疗方法虽然不能根治乙肝，却可以大大减轻患者的痛苦，大大降低乙肝转为肝硬化、肝癌的概率，而其相对较低的治疗费用也可以减轻患者的经济负担，这是医学界里程碑式的突破。我期望能尽自己的绵薄之力将这项技术做进一步推广，为远房的爷爷提供帮助，也造福全国的肝病患者。在学长的带领下，我和伙伴们合作，历时半年，删改上百次，终于完成了长达三万字的商业计划书，参加了第四届福建省“互联网＋”大学生创新创业大赛，拿到了金奖。就在我为项目推进，为救这位爷爷更近了一步而高兴的时候，噩耗传来，爷爷去世了。

他的离开，让我非常难过，但我绝不就为此消沉。我知道全国还有八千万乙肝患者、上亿的其他慢性重大疾病患者在等着技术推广，我的每一分努力对他们而言都是生的希望。2019年5月，我作为核心队员参加了第五届中国“互联网＋”大学生创新创业大赛，以全省第一的成绩进入全国赛现场决赛，凭借这项技术已经在全国28个省市的300多家医院临床应用的坚实基础夺得全国金奖并获得全场最高的2.65亿元意向投资，让来自全世界的创业者和投资人都知道在中国的厦门大学有一群人将菌群移植技术做到了精准化。我坚信，我们的项目还能进一步推广，为全国的慢病患者带来福音；我也坚信，我的努力可以让更多人守护对自己重要的人，减轻病痛带来的伤害。

医疗技术的进步可以提升人民的健康水平，但不能塑造思想。对社会、对国家发展更有意义的是通过教育树立坚定的理想信念。

我家所在的甘肃省天祝藏族自治县是一个刚刚“摘帽”的国家级贫困县，教育资源匮乏。大概十五年前，我跟妈妈去下乡的时候结识了一户人家。这家人很穷，穷到什么程度呢？除了必需的盐，他们吃不起其他的任何调味品。这家的孩子当时在县城读初中，每星期生活费十块钱，其中六块钱用于坐车，四块钱做零花钱，没钱去食堂吃饭，只能吃从家里带的馍。不少时候，临近周末，馍馊了，他也只能掐掉那些霉斑继续吃下去。我现在回想起来，还很想问：这样的营养供给怎么支撑他完成学业？大家能猜到这位哥哥后来经历了什么吗？中学苦学六年后，他考上了大学——兰州城市学院，毕业后到北京学 IT，现在在北京一家互联网公司工作，还把父母送到了兰州生活。促使他改变命运的就是他小学时候的支教老师。支教老师就像一座桥，第一次联通了他和外面的世界，给他的生活打开了一扇窗。更重要的是，支教老师还在他心里埋下了一颗理想的种子——他立志要考上大学，要改变命运。这是一个人人都想看到的、美好的励志故事，但是由于师资力量的缺乏，更多的乡村孩子根本连高中的大门都进不去，何谈改变命运。

我曾亲身体验过乡村孩子接受教育的艰难，也曾受到过支教老师的诸多帮助。我深刻意识到：多一个老师对乡村孩子意味着完全不同的人生路径。我期望能为乡村教育做一点事。2017 年 3 月，我遇到了美丽中国支教项目，终于有机会实际为乡村教育做一点贡献。这一项目通过“两年轮换制”，每年招募优秀的青年人才，作为全职教师，输送到教育资源匮乏的地区进行两年的长期支教，以此来为教育资源匮乏地区提供持续而稳定的师资力量，只为实现一个美好而伟大的愿景——“让所有中国孩子，不论出身，都能获得同等的优质教育”。随后的两年半里，我通过“梦想导师”项目，招募同学为乡村的孩子传输了超过300课时的远程课程，教孩子们唱歌、跳舞、画画，跟他们分享丰富的大学生活和职业规划，解答他们青春期的困惑；通过“陪读导师”项目，招募同学远程陪乡村孩子们读书超过100小时。在上一期陪读导师项目结束后，我采访了一位志愿者。她讲了她陪伴的那个小姑娘的转变和她自己的体悟。小姑娘从对她充满戒心，到跟她无话不谈，给她寄明信片，从对未来的迷茫到立志上大学读语言类专业；这个志愿者也通过亲身经历深刻理解了“教学相长”，用一个月时间，用一本书，收获两颗相连的心，陪伴孩子梦想开花。当我知道这些的时候，心里暖暖的，我知道我的努力没有白费：乡村的孩子有机会接触到外面的世界，知道生活还有诗和远方；在校大学生可以有更多渠道助力公益事业，在陪伴乡村孩子的时候，“育人，遇自己”。

习近平总书记告诫我们：“青年要立志做大事。”我的理解中，大事就是我们认为正确的事。作为新时代的大学生，我担负着中华民族伟大复兴的历史使命；作为公益青年，我铭记着为公众利益奉献自己的一份力量。“不忘初心、牢记使命”的时代主题下，我将以一个厦大人的社会责任感，践行“自强不息，止于至善”的校训，践行向上向善的精神，献礼百年校庆，努力让这个社会再美好一点。

暑期社会实践，遇见不一样的自己

◎贺　尹　厦门大学外文学院2017级本科生

◎**人物简介：**

贺尹，外文学院俄语专业2017级本科生。担任外文学院青年志愿者行动指导中心主任期间获2019年度志愿先进服务工作者、优秀志愿者称号；2019年担任厦门大学暑期社会实践优秀实践队Need For Stars队长，获厦门大学优秀积极分子称号；金鸡百花电影节中担任翻译志愿者获优秀志愿者称号。

厦大的校园生活丰富多彩，受益匪浅的志愿活动，形式多样的文艺演出，多元化的学术活动、寒暑期社会实践……这些都为我们创造了诸多锻炼自我的机会，拉近了我们与社会之间的距离。

作为一名厦大学子，每年参加社会实践活动是我们的日常。那年暑期的社会实践，让我记忆犹新……

那是第一次参加支教类型的实践队，我第一次担任2019年暑期优秀实践队Need For Stars队长，带领着由27名外文学院来自不同年级、不同语种的团队成员们，与滨海小学130名即将毕业的孩子们，共同度过5天的实践时光。短短5天的时间里，8堂课，4次见面，4个班级……和可爱的孩子们在一起，时间转瞬即逝。是孩子们带给我无限的欢乐，让我在教学中找回了属于自己的童真；是队员们为我提供了锻炼、挑战自我的机会，加深了我对团队重要性的认识，让我学会了高效管理团队的方法，让我遇见了不一样的自己。

Need For Stars 实践队员与滨海小学同学合照

我们团队有着很强的凝聚力，从立项答辩、教学内容选择、课程设计及人员安排再到最后的汇报演出，每个人对待每个环节都尽心尽力，一丝不苟，这些都消除了我一开始的担心——担心自己能否胜任队长一职。指导老师和同学们都大力支持我的工作，积极配合，给了我极大的勇气与信心。我十分珍惜与队员们每一次商讨的机会，我们结合最新的时政热点，通过与小朋友一起学习“一带一路”沿线国家和地区文化的方式，精心为孩子们打造出一堂堂生动、丰富多彩的知识课堂，以此点亮孩子们的夏日。

初次与孩子们见面，他们那稚嫩的脸庞，那充满活力的笑容，感染着我们在场的每一位实践队员。我们之前虽互不相识，但并不陌生，知识把我们彼此联系在了一起；在课堂上，孩子们对知识的渴望与积极的热情更是支撑我们实践队教学的强大动力。短短几天时间我已经与孩子们结下了深厚的友情，当与孩子们进行道别时，我充满了诸多留恋与不舍。

此次实践让我体验了老师这一职业，意识到老师这一角色的重要性，也可以说为我今后的发展做出了尝试与积累。孩子们有着不同的性格，在教学过程中也会有一定的难度，让不同性格的孩子们融入同一课堂中也尤为重要。我发现有一些性格内向的孩子虽不善于表达，但却有很大的知识储备，见识广博，因此在课堂上也会更加关注孩子们的心理，给他们提供展现自我的机会，树立自信心，勇敢表达自己的想法；还有的孩子性格外向，但也会有脆弱的一面。给我印象最深刻的是在知识竞赛环节，一向活泼的一个小朋友因为没有赢得比赛而哭了起来，当时我内心十分焦急，第一次面对这种突发状况，害怕对小朋友产生一些消极的情绪。但孩子们的表现让我十分欣慰，他们也十分懂事，看到小伙伴伤心难过，有的主动分享自己获得的奖品，有的帮助我一起安慰伙伴，在孩子们之间我见证了那种纯洁无瑕的友谊，同时也体会到，社会实践不光是经验积累的过程，更多的是成长的过程，是一种心灵上的成长。每当给孩子们发奖品时，他们都会首先与老师们一起分享，哪怕只是一块小小的糖果，这让我们的心里也是暖暖的。孩子们的天真与可爱，犹如那凉爽的海风，在炎炎夏日滋润着我们的心田。

知识竞赛上，小朋友们踊跃发言

身为队长，我也在社会实践中摸索出了更加高效开展实践活动的管理方法，融入团队中，体验每个小组的每一份工作：在团队中，我不仅担任统筹协调的角色，也是教学组的一名老师，走进课堂，感受知识的力量；在宣传组担任幕后工作者，进行照片拍摄与公众号新闻的制作；为财务组的同学提供经验指导；也参与常务组同学的前期筹备工作。

为了及时、准确地进行任务调配，获得队员们的反馈信息，打造一个高效的团队，我对团队进行了小组划分；每一位小老师上岗之前都要进行课程的预讲，互相交流经验，确保课程的顺利展开。考虑到孩子们的活跃性，我为每个班的主讲老师配备助教，讲课班级也是随机选择，让志愿者可以与更多的孩子们进行交流。为了促进孩子们的发散性思维发展，课程设置以“一带一路”时政热点为基础，通过多元化的课程形式，穿插中外文化对比，借此增强孩子们的文化自信。

不经历风雨怎能见彩虹？实践过程中或多或少会遇到一些困难，我们在困难中总结经验，砥砺前行。面对困难，团队成员们总是在第一时间相互沟通，共同讨论解决问题的办法，齐心协力，克服困难。此次暑期实践获得了老师、家长和同学们的一致认可，这是指导老师与每一位实践队员们的共同努力的结果。此次支教活动不光让孩子们受益匪浅，我们参与者也收获颇丰。

作为队长，我十分感谢厦大为我们提供了这样一个参与社会实践的机会，让我们充分利用暑期时间，为社会贡献出自己的一份力量；也特别感谢指导老师与队员们的共同努力，让我们 Need For Stars 暑期社会实践队支教的各项活动得以顺利开展，收获孩子们的喜爱、老师和家长们的认可与大力支持，并最终获 2019 年厦门大学暑期社会实践活动优秀团队及 2019 年厦门大学优秀志愿服务项目等荣誉称号。Need For Stars

将永远成为我那年夏日的美好回忆，也将永远成为我厦园生活的宝贵经历。

Need For Stars 传递知识并收获知识；传递爱、收获爱；我们努力发光，努力前行，我们永远在路上！

友情的共通体

◎ 余雨萍　厦门大学艺术学院 2011 级本科生

◎项目简介：

轴艺术项目组曾获选 2016 年“青策计划”（上海，上海当代艺术博物馆）。主要的年度项目包含：《一座岛屿的可能性》（2015）、《厦门肉食公司》（2016）、《如果日光也是布景》（2018 年集美·阿尔勒在地项目）。项目于 2016 年开始尝试在地艺术实践，接纳和呈现更多元的实践方式，主要项目：《露天市场的江湖骗子》系列（2016—2017）、《方志小说——联合驻村写作计划》（2017）、《后田：一场行进中的肖陶扩》（2017）、《沙坡尾：用渔法书写现实》（2018）等。

大学的时光匆匆，现在回想起毕业，已经是几年前的事情了。但凭记忆如何更迭筛选，这段时光是断不可被遗忘的。尽管最初进入厦大是机缘巧合，但我在此收获了两个重要的礼物，将伴我一生。是的，一是我现在的丈夫，二是相伴至今的伙伴。故事还得从大四说起，彼时的同学们通常是忙着与人分别，而我，却在忙着与人相逢。

一、上弦场的一通电话

厦门的夏天总是来得很快，但是四月的夜晚还有舒凉的春风。从法学院的自习室出来，到上弦场沿着跑道走两圈，是大四的日常节奏。已经是大四的第二学期，不用再跑到各个校区上课，唯一的重点就是毕业论文，突然空闲下来的自己仿佛还有些不太习惯。也不知是不是心声被感知，一通电话进来，打破了日常的循环，也改变了我毕业前最后的校园时光。是同系学长的电话，他去年已经毕业，留在厦门的一个艺术机构工作。他简单说了一个关于发起艺术项目的想法，问我是否有兴趣加入，我几乎是毫不犹豫地就答应了，作为艺术管理的学生，以一场展览或者一个艺术项目来作为毕业作业多么恰如其分呀。在学习之余，我一直在一对荷兰夫妻创办的独立艺术空间里帮忙，他们很喜欢厦门，也喜欢厦大艺术专业的学生们，觉得年轻人应该拥有更多交流的机会与平台，这个小空间便应运而生。于是，我们相约周末一起到这个小空间来参加展览开幕，于是一群本不相识的年轻人，在这简单无奇的空间相逢，在简陋的大排档把酒言欢，故事也开始了。

二、深夜的艺术学院工作室

你见过凌晨两点的艺术学院吗？你见过凌晨四点的厦门吗？我们都见过。其实我们一开始的讨论很简单——如何在厦门生活得有趣？尽管后来许多采访我们的媒体都会将我们与厦门达达作比较，但其实我们并没有什么野心，也没什么大计划，非常轻松的，最初就是想当作一个项目来做。项目名为轴，一个动态图像的意向，绕着一个轴心不断地拓展边界。恰巧，去年威尼斯双年展的主题便是“愿你生活在有趣的时代（May You Live in Interesting Times）”，回忆起来，也许当时的我们就有了对艺术敏感的直觉。

除了一位长期生活在厦门的艺术家，其他五位，包括我都来自厦大艺

轴艺术项目小组 LOGO

术学院美术系：同专业的直系学长和学姐、油画专业的学长和国画专业的学姐。因为艺术管理专业的背景，以及学院安排的专业实践考察学习，我们对于当代艺术的认识和感知也随之变化，厦门的当代艺术用艺术家汤南南的话，就是个边缘地带。还在校园里的我们，对这座城市和当代的艺术氛围有了更理想的期许，想要尝试改变这一切——这是我们年少时一往无前的勇气和初生牛犊的热血。听起来似乎并不是一件非常新鲜的故事，不过是每一代草莽青年逆袭的重复过程。但是，与上一代不同的是，“反抗”与“破坏”并非我们的语言，实际上我们更密切地关注着自己，关注着生活，关注着这个城市，通过提问、发声以及帮助提问、发声，以轻盈、自由的方式前进，让艺术家与大众从慌乱的城市里发现自我所处的境地，也企图借机消弭自我的迷惘与焦虑。

于是我们像大一大二忙着校园竞赛项目的新生一样，开始了热切的讨论。学院工作室不必说，有电脑可以查阅材料且不怕打扰到自习的同学，自然是一个最佳的会议室。路边摊、便利店、咖啡厅也经常出现我们的身影，印象最深的是在一个雨夜里，连着 ATM 机临时搭起的小雨棚，棚外雨落得激烈，棚内的我们也聊得澎湃。争吵是我们思维碰撞和交流的一种方式，也是团队磨合的过程。每个成员的关注点都不尽相同，这当中的偏差也成了有趣的一点。偏差本身未必是偏离的误差，我们更愿意把它看作差别，差别本身会扩充我们对同一事物的认知，这样对于每个人又能打开新的视角。所以某种程度上我们期待分歧的出现。因为这必将引发谈论，在谈论中可能又会出现新的视角。第一个项目“一座岛屿的可能性”便在这一次次的深夜“争吵”中发生了。

三、“一座岛屿的可能性”

厦门是一座岛，当我们还在漳州校区的时候，就总是对这座岛屿充满了憧憬和想象。它给予的优美的环境和思想的宽容，它所拥有的潜能，远不止现在发生的。于是我们开始发问：这座岛屿还有什么可能？第一

《一座岛屿的可能性》展览现场

次做独立的大项目，遇到了太多挑战和困难。但也得到了很多人的支持，学院的教授当了我们的学术指导，学弟学妹都报名来当项目的志愿者，家长也发动朋友通过众筹支持我们。没有场地，就临时借用旧厂房；没有展墙，就自己买油漆来刷；没有射灯，就自己装轨道；没有宣

传，就做公众号自己写。艺术家们通过作品，来探索这座岛屿可能性的时候，我们通过这个项目发掘了自己的可能性。那样的时光，尽管辛苦忙碌，却是踌躇满志的快乐。

所以我们还是选择继续将“轴”滚动下去，尽管大家因为毕业或工作的原因开始分散到全国各地，有的开始新的学习，有的进入新的机构工作，也有新的血液注入。这也未尝不是一件好事，大家都有了新的见闻、新的朋友，也开始有了自己关注的领域和研究方向；就像成立最初对“轴”的期待一样——大家是同一辆公交车上的人，朝着同一个目的地驶去。一场有趣的旅程，我想一定是需要人带着怀疑和新想法上车参与讨论的。大家各自学习和工作，不时地会在微信群里分享和沟通，为了再次相聚之时能够共同工作而准备。我们的会议室也从线下搬到了线上，微信成了我们最常“相聚”的虚拟地址。深夜的工作室、路边摊变成了长达 6 个小时的语音通话、5 万字的文字记录和微信群里整齐划一的“饿”。

第二年的项目名为“厦门肉食公司”，出乎所有人意料的（包括我们自己），获得了上海当代艺术博物馆“青策计划”的大奖，并最终落地在博物馆里。从破败厂房到白盒子美术馆，初出茅庐的我们开始对艺术实践有了更多的体验与感受。于是我们开始更有意识地去扩张我们的试验场：替代空间、城中村落、设计酒店、驻留项目，实践更新的频率并不高，只愿都是我们心之所向，不被浮名或利益桎梏。能保持着这样的自由，我们何尝不是在另一个乌托邦里?

四、另一个生活的时空

轴艺术项目小组到今天也已经 6 年了，随着物理位置的改变，大家的步调也慢慢发生了转向，遇到了难以发声、提问的时刻或者困难的处境，但相应地更加明确坚持发声与提问的重要。 我们一定是成长了，关注的问题、看问题的方式都会有变化，我们提醒自己不要陷入危险——思考的危险、生活的危险之中。 除此之外，我们在体验更加多元、包容地理解对方的生活，将这个项目、这个团体当成日常生计工作之外的另一个生活的时间和空间，是不求任何目的的。

团队合照

我们在这个团队中获取了更多互相的关照和慰藉，一开始因一个项目而相聚的朋友们也真正地成为生活中的友人，甚至有着比情人更深的默契。尽管因为各自工作的原因，我们现在分布在北京、上海、广州、杭州、厦门，六人五地，一年也难得见上一面，但他们始终在我微信列表的置顶，也是我与艺术继续连接的纽带，是我校园时代的宝藏、也是我保持理想的动力。

成员像素风头像

前年我的项目小组做了至今最酷的一个项目——策划了我的婚礼，将婚礼变为一个展场、一场派对和一次聚会，主题便是“情人的共通体，友人的共通体”。那一刻，我的大学留给我的礼物，也终于旋转着一起舞、舞、舞！

婚礼合影

许年行，用热爱浇灌学术之花

◎ 揭上锋　厦门大学管理学院团委副书记

◎人物简介：

许年行，男，福建南安人。1996 年考入厦门大学管理学院就读本科，2007 年博士毕业于厦门大学管理学院。现任中国人民大学商学院财务与金融系主任，教授、博士生导师。2014 年耶鲁大学管理学院访问学者。

一、少年当自强

1996 年秋，厦门大学。

这个秋天与往年没有什么不一样，厦大校园的这个季节像往年一样热闹非凡：凤凰花照例热情地开满校园，四角的帐篷照例次第排开，来自全国各地的学子拖着形状各异的箱子纷纷迈进这所南国著名学府的大门。有第一次出远门的，好奇地打量着这里古色古香的楼群；有顺带来旅游的，带着一群亲戚，七嘴八舌地争论着厦大和其他大学的景色孰美；还有一些人独自前来，在熙熙攘攘的新生中显得有些另类。这其中就有一个少年，只带一个箱子，一个双肩包，如此而已。

他叫许年行，来自一百多公里外泉州市金淘镇文山村一个叫田当组的小地方。文山村交通不便，经济落后，相对于声名赫赫的泉州来说，显得微不足道。从田当走出的许年行高考成绩优秀，考入中国十大商学院之一的厦门大学管理学院，让人对这个农村来的少年不禁刮目相看。那时的许年行个头不高，一米六几的样子，看起来其貌不扬。他走在宽阔的石板路上，望着群贤楼前唯一的铜像——这所大学的创办人，校主陈嘉庚先生。这个闽南乡下少年暗下决心：要努力学习，珍惜来之不易的学习机会，像嘉庚先生一样成为国之栋梁。

是的，他的求学之路确实不像其他孩子那般顺遂。父母是田当普通的农民，虽然勤劳俭朴，家里依然很贫困。家中兄弟姐妹五个，年行最小。生活的压力传递到孩子们稚嫩的肩上，哥哥姐姐们在求学的年纪不得不相继辍学，去外地去打工。小年行就这样远离了家人的照顾，独自留在家乡求学。家人对于知识的尊崇也就这样在小年行心里留下了深深的烙印，闽南人“敢拼敢闯”的韧劲也在年行身上扎下了根。带着家人的期许，少年许年行克服困难，从乡村小学一路考入全市名牌中学，初中、高中一直保持在年级前三甚至第一的好成绩，最后如愿以偿考上厦门大学，成为家里唯一的大学生，也是村里历史上第一个考上厦门大学的学生。

二、青春不彷徨

大学第一年，对于绝大多数新生来说，面对校内形形色色的兴趣社团，面对校外丰富多彩的都市生活，是迷茫而彷徨的，年行也不例外。那时他还不知道大学怎么读，以后做什么，更不知道自己未来的路该怎样走，但是他总是记得来时路上的艰辛，告诫自己不要虚度光阴。

当感到迷惘的时候，唯有埋头赶路。年行深知作为一个学生最重要的任务就是学习，特别是当时一位长辈的提醒让他意识到，自己班级第七的成绩不太理想。为了提升学习成绩，他从此与书为伴。芙蓉湖畔、南强楼、博学楼、映雪楼、囊萤楼、图书馆……这些在其他人眼里亮丽的风景，却只是他勤奋学习的一角。都说时间是海绵里的水，可在年行的心里，仍然嫌弃这块海绵不够大。他也许不是第一个到达教室的人，却一定是最后一个从自习室出来的人；多少次，他累得趴在桌上呼呼大睡，而醒来时手脚酸麻的感觉，他至今记忆犹新。

这个其貌不扬的青年，以奔跑的姿势，从班级第七名一跃而进入年级前三名，并成功保研厦大管理学院王牌专业财务学。在这里，许年行遇到了自己一生的恩师吴世农教授，又遇到了自己热爱一生的学术事业。“在你不知道自己想要什么的时候，一个劲往前走，有时候努力本身会给你答案。”许年行是幸运的，他找到了最适合自己的道路：学术研究。一篇篇看起来高深又枯燥的英文文献，他却看得乐在其中；博士生们常常抱怨论文修改毫无生趣，他却甘之如饴。为了刻画我国中小投资者法律保护的程度，许年行花了半年左右的时间，每天泡在图书馆阅读几十部跟资本市场投资者保护相关的法律法规、文书，逐条比对不同法律文书在措辞和规定上的细微差异，并最终编制了我国第一套“中小投资者法律保护指数”。这为他之后一系列相关论文的发表提供了坚实的数据基础。在吴世农老师的精心栽培下，加上自身的努力，许年行的博士论文被评为“全国百篇优秀博士学位论文”，这是对他研究生阶段追求卓越、刻苦努力的最好回报。

三、师恩永难忘

“所谓大学者，非谓有大楼之谓也，有大师之谓也”，许年行对此感同身受。要不是在厦大深造的日子里遇见了对他悉心指导的恩师——吴世农教授，他恐怕不会在许多年以后走上学术之路，更不会在著名的中国人民大学当教授。

世有伯乐，然后有千里马。许年行与导师吴世农教授的故事有很多，即便多年以后回忆起与恩师在一起的场景，许年行仍然感觉历历在目，恍如昨日。

许年行在读研究生的时候，导师吴世农时任厦门大学的副校长。虽然行政工作特别忙，但是他对学生的要求丝毫不曾放松。就像一个平常的下午，吴老师把许年行叫到办公室，耐心到逐字逐句地教他修改论文，后来竟不知不觉地就改到了深夜。从办公室出来的时候，白天的太阳早已被满天的繁星取代，师生二人才意识到似乎还没有吃晚饭。吴老师从未因忙碌而减少对于学生的指导时间，时常利用开会间隙，在各种会议室门外指导年行学术问题，甚至是在去机场的路上，也常常成为师生讨论的黄金时间。

吴世农老师风度翩翩，拥有一大群学生“粉丝”，其财务学课程总是座无虚席，其学术造诣和观点也总是立足前沿引领潮流。同时，吴世农老师又是治学严谨的人，对学生要求极为严格。无论是文献、格式、选题甚至一个微小的标点符号，如果没有写好，吴世农都会严厉批评，丝毫不留情面，常常有学生被吴老师训哭。或许是名师风采的潜移默化，亦或许是“严师出高徒”，吴老师的学术风范点燃了青年许年行心里的学术之火，也激发了他对学术研究的向往和热情。当时的厦大管院“大牛”云集，沈艺峰、翁君奕等老师都给了学术新人许年行诸多指导和教诲。在老师们的指引下，他广泛阅读财务学的经典文献，关注学科领域的前沿进展，熟悉各种实证数据的处理方法，不断打磨自己的研究能力。

功夫不负有心人，许年行在博士第一年就和老师合作在国内经济管理类顶级期刊《经济研究》发表 2 篇论文，成为众多博士班同学羡慕的对象，也创造了厦大博士生第一年在《经济研究》上的发表记录。这些论文的发表，既是对他之前努力钻研的回报，也更坚定了他未来从事科研工作的决心。“在接到第一篇《经济研究》录用通知函的时候，心情特别兴奋，整个人像被打了鸡血一样，激动了好几天……如果没有吴老师的悉心指导，这是不可能做到的。”许年行现在回想起来，依然难掩那份激动和兴奋。毕竟，论文被高层次期刊接受是学者最幸福的一件事。

“高山仰止，景行行止，虽不能至，心向往之”，恩师的栽培，徐年行终生感念。

四、自律给人自由

多年以后，那个曾经的农村少年许年行，在厦门大学接受了完整的学术训练，顺利完成了本硕博学业。此时的许年行早已不是当初那个迷茫、彷徨的青年，而是骨子里早已浸透着厦大人“自强不息，止于至善”基因的有志青年。从厦门大学博士毕业后，他北上京城，先是在北京大学完成 2 年的博士后研究，后进入中国人民大学担任讲师。不到 5 年时间，他就在人才济济的中国人民大学破格晋升，完成了从一名普通“青椒”到教授的华丽转变。他教学科研两不误：在 *Management Science*、

Journal of Financial Economics、*Contemporary Accounting Research*、《经济研究》、《管理世界》等国内外顶级期刊发表论文30多篇，入选教育部长江青年学者（2016）、中组部首批“青年拔尖人才”（2012），获得国家自然科学基金“优秀青年基金项目”（2016），学术成果先后获得中国高校人文社会科学研究优秀成果一等奖和三等奖、The China Finance Association（TCFA）最佳论文奖、中国金融国际年会（CICF）等国际和国内学术会议最佳论文奖……不难想象，这些都是他极其自律，不断学习的必然结果。

“靡不有始，鲜克有终”，很多人善于做规划，但是极少人能够坚持，把规划执行到底，许年行属于后者。工作之后，许年行第一年的教学、科研、生活时间比是6∶2∶2，第二年变成3∶4∶3，第三年则是4∶4∶2。这个星期、这个月、这一年要做什么，许年行心里早已设定好目标，然后尽量按计划执行。有时候难免会遇到一些突发事件，让原来的计划很难执行或者无法执行，但是他一定会在其他时间段补上来。

一位哲人说过，“人生而自由，但无往不在枷锁之中”，但是许年行用自律走出了生活的重重枷锁。“自律给人自由。”他说。

五、后记

许年行考入厦大的时候，并不知道多年以后自己会成为中国人民大学的一名教授。1996年风靡大江南北的电影《阿甘正传》中说道：“人生就像一盒巧克力，你永远不知道下一颗是什么味道。”他就像阿甘一样，朝着自己的目标一路奔跑，从懵懂到清醒，他的奔跑变成他的图腾。采访结束的时候，笔者请许年行学长用三个关键词总结自己，他说：执着、乐观、感恩。执着于目标，乐观于吃苦，感恩于父母恩师。如果一定要说大学期间有什么遗憾，他说，后悔大学期间去的英语角太少了，到北京之后才发现国际化要求很高，不能流利地说英语肯定是不行的。因此，如果一定要给学弟学妹们建议，他说：学好英语，尤其口语！

（管理学院2019级MPAcc王馨瑶同学对本文亦有贡献）

第二篇

青春建功

用青春浇灌脱贫致富的梦想之花

◎ 布阿提坎姆·艾萨　厦门大学药学院2011级本科生

◎人物简介：

布阿提坎姆·艾萨，厦门大学药学院药学专业2011级学生，2013年、2014年校庆期间获评厦门大学出版奖学金，2013年5月被评为厦门大学十佳共青团员，2013年9月被评为福建省高等学校三好学生，2015年6月被评为厦门大学优秀毕业生。2015年11月参加工作，选调生，现任新疆喀什英吉沙县芒辛镇科员、芒辛镇7村专职副书记，具体负责扶贫工作。深入基层服务的四年以来，以高度的政治责任感和工作紧迫感、饱满的工作热情，融入农村中，深得基层广大干部群众拥护和信任；时刻牢记自己的使命，以踏实的工作作风恪尽职守，履行职责。在扶贫工作中始终坚持每项工作必须做细、做实、做严，确保在深入推进脱贫攻坚工作中不落环节、不出纰漏、不犯错误。廉洁自律，以身作则，高标准严格要求自己，坚持原则，树立公仆意识和服务意识，清清白白做人，踏踏实实做事，自觉接受群众的监督，并密切联系群众，为群众排忧解难。

我是布阿提坎姆·艾萨，一个地地道道的新疆维吾尔族姑娘，出生在喀什地区英吉沙县芒辛镇，在杭州内高班完成学业后考入厦门大学药学院药学专业，2015年毕业时毅然选择回乡驻村工作，只因自己觉得离乡多年后，应该为乡亲们做点什么了。

一、芳华绽放，用辛勤汗水浇灌梦想之花

作为一个不甚起眼的女孩，我总是沉浸在自己的梦想中，渴望通过自己的双手改变命运，并从未停止过努力。

我的家乡在新疆喀什的农村，高中教育在十几年前并不普及，很多村民读完初中后就选择了回家务农。然而对我来说，知识改变命运是一条亘古真理，我坚信并坚持继续读书。经历了初三一年的苦读，我终于得到了宝贵的机会前往杭州读高中，踏上异乡求学之路。

道阻且长，行则将至。独自一人远赴他乡求学，我在挫折中不断成长、蜕变。杭师大附中是我梦想的起点，也是我自信和努力的力量源泉。在这里，我努力克服了语言的障碍，养成了良好的学习习惯。在厦门大学学习期间，繁重且高难度的专业课程对于少数民族身份的我来说也是一个不小的挑战。“他们可以做到的，我也可以。”在灰心泄气时，我总是这样鼓励自己，在“不满足”中不断打磨意志、提升自我，收获硕果、充盈内心。我连续几年获评校级奖学金，荣获多项省级校级荣誉称号，参与优秀课题调研，这些成绩像一枚枚军功章，激励着我继续向前、不懈努力，不断用科学知识来武装自己。

在他乡求学期间，我时时刻刻感受着民族团结的强大力量。在陌生的土地上，我感受到来自五湖四海各民族同学的心紧紧相连，像“石榴籽”一样紧抱在一起。无论我走到哪里，总有老师、同学、朋友的支持与帮助：日常饮食、活动中他们总以我的意愿为先，生病、受伤时他们给予我无微不至的照料，情绪低落时他们贴心陪伴、安慰与鼓励我，陷入迷茫时他们助我找到正确的方向。对于我来说，在学校这个大家庭里，细

心呵护我们的老师就像我的第二个母亲，贴心陪伴我的朋友们则是我的兄弟姐妹。

受到老师、同学的影响，我在心中深埋下一颗梦想的种子，并不断以汗水浇灌、滋养。大学期间，我光荣地加入中国共产党，参加厦门大学学生马克思主义研修班，不断学习党的理论知识和时代知识；积极融入集体，参与各项志愿服务、文体比赛以及社会实践活动，实现自我挑战和超越；赴偏远小学支教，组队回新疆开展“十八大”精神寒假宣讲活动、厦门大学校情宣讲活动，参与“追寻红色足迹，共筑青春梦想”井冈山社会实践……这些点点滴滴的汇聚，让我深深感受民族团结的情怀，领悟奉献创造价值。我暗暗下决心，毕业之后回归家乡，为家乡的发展而努力，也许这就是梦想的一个起点吧。

艰辛的求学之旅不仅让我收获了丰富的知识，提升了学习能力，更磨砺了我坚强的意志，这些对我做好基层工作来说，都是极为宝贵的财富。

二、学用相长，以青年之智服务基层工作

一身书卷气，两脚泥土香。我成为一名选调生回到家乡新疆，带着在求学期间习得的对理论的刻苦钻研，对待工作的求真务实和作为青年的奋进精神，深入基层服务。

从学生转变为一名基层工作者，我深知自己的政治理论知识还较为薄弱，因此我始终坚持把作为工作理论依据和出发点的政治理论放在学习内容的首位。“上面千条线，下面一根针”，作为上级政策与基层群众之间的“穿针引线人”，我自己必须认真学习领会上级文件、会议精神，学深吃透各项政策法规。按照大学学习专业知识的习惯，我将各种学习材料保

存到手机以便随时查看，同时也打印了一份方便圈点批注。向周围理论水平高、业务能力强的同志学习也是我不断充实和提高自己的“法宝”之一。

除了较强的学习能力，我认为创新是使我的基层服务工作焕发青春与活力的另一个因素。为了减少传统基层工作琐碎沉闷的弊端，我们以中秋节、国庆节等法定节假以及诺鲁孜节、肉孜节、古尔邦节等当地特色节庆为契机，在村民中开展丰富多彩的文艺汇演、体育竞技和知识竞答活动。通过在活动中融入现代文化，潜移默化地引导农民们摒弃那些较为落后的生活方式；将“月月有主题、周周有活动”作为政策和精神传达的方式之一，做到润物细无声。

三、脚踏实地，用奋斗青春助力脱贫攻坚

奋斗在脱贫攻坚一线是我基层工作中最主要的任务之一。由于我参加工作时间不长、基层经验少、对农村现状的认识不深，开展工作时遇到了许多困难。我给自己定下目标，通过入户走访、组合式结亲和面对面的交流，在尽可能短的时间内与辖区所包户面对面交流，向他们了解农村现状。加大政策宣传为工作打下基石，做好贫困户的建档立卡，落实各项针对贫困户的优惠政策，推进扶贫项目申报……按照要求，我坚持将每项工作做细、做实、做严，死死盯住每一个标准、每一道程序和每一步环节，确保环节到位，指标达成。而村民们对我的信任和支持，随着工作的推进逐步加深，给了我无限的动力。

责任扛在肩上，工作抓在手上。我很开心看到许多的脱贫措施在执行后取得了明显成效。截至目前，我所负责的村实现户均 1.7 人就业，共

有 159 人开店创业或是经营生意。村级产业也得到进一步开发，我们帮助相关负责人完善管理运营规章制度，拓展产业发展途径，推进美味食品（打馕）、木艺等 8 个村级产业实现规范化、科学化、市场化、效益化运行。如今村里已形成“队队有产业、户户都增收、人人能脱贫”的良好局面。

“青年时期多经历一点摔打、挫折、考验，有利于走好一生的路。”我认为走上选调生之路是我做的一个无比正确的选择，能够以选调生的身份深入基层发光发热，不仅是一种光荣，更是一项使命。如今每当我工作遇到困难时，我总会想起那段漫漫的求学之路，想起路上遇到的人和旅程中开出的花……

此心安处是吾乡

◎ 黄睿芝　厦门大学医学院 2015 级硕士研究生

◎ 人物简介:

黄睿芝，2018 年硕士毕业于厦门大学医学院。在校期间成绩优异，积极参加各类活动，两度被评为厦门大学三好学生，并且获得校级暑期社会实践积极分子荣誉称号。毕业后被招录为陕西省 2018 年度定向选调生，担任西安市高陵区通远街道办事处主任助理、何村主任助理。2020 年驻村期满后，考核确定为优秀等次。

盛夏时节，西安骄阳似火。刚从区委组织部出来，我就坐上了同事的车赶去单位。我看着车窗外的景色从雁塔丈八沟外的林立高楼一点点变成了高陵烈日下的空荡马路，再一点点变成了乡镇干道边的农田，心里对未来生活的憧憬此刻隐隐有些受挫了。

2018 年，陕西省在全国各高校招录了共计 500 多位定向选调生，我就是其中的一员。岗前培训、经验交流、领导座谈……离开鹭岛后的这些天过得忙忙碌碌，我们每个人都很累，但是想起新的生活、新的事业，大家心里无疑是兴奋的。没错，事业，对于这里绝大部分同学来说，选调生是一份“事业”，而不仅仅是一个“职业”。

“励志凌云，青春建功!”临行前在出征仪式上的八个大字还历历在目，现在的我站在单位的院子里傻了眼。土黄色的两层小楼，贴砖掉了几块，在阳光下斑斑驳驳，看起来像是三十年前的建筑。党政办公室不大，皮沙发的垫子被坐塌了，隐隐约约能看到皮垫下面木头框架的形状。空调虽然送着冷风，但因为大敞着门，那点制冷效果形同虚设，在里面的人稍微一动就是满身汗。

这和想象落差有些大。我有点局促地在那个旧沙发上落了座，几分钟后，街道的杨书记热情地接待了我。来自哪里、什么学校毕业、为什么要来通远，我一五一十回答，不太自然，有点像小学生见老师。待在实验室里的时间太久了，我最不擅长的大概就是和别人打交道了。简单的交谈后，书记安排我先在办公室工作，叮嘱后勤的同事帮我准备好宿舍。

等我回到办公室的时候，下班的时间到了，夕阳透过发黄的门帘，在黑色的地砖上拖着长长的影子。这是我上班的第一天。

基层的公务员，到底要做些什么？岗前培训的经验交流会上，有学长运用电商带领全县脱贫致富，有师兄挂职副区长后把整个区的特色产业搞得如火如荼，当时坐在台下的我神往不已，但扪心自问，我只是一个医学硕士，这些事我能做到吗？就算给我平台，我真不会搞砸了吗？

等真正上班后，我倒不担心这个了，因为确实没什么事情给我做。收发文件都有专人，我对街道情况完全不了解也没法写什么材料，就是接听电话，我也听不懂方言，最后还是得苦着脸把话筒转给别人。忙碌的办公室里好像就我一个人闲在那里翻看过往的文件，一天下来真是坐立难安。干坐了两天，觉得情况熟悉得差不多了，我就到各个同事那里晃悠。“姐，有啥要帮忙的不？”“哥，写啥呢？”……

办公室主任看不下去了：“睿芝，你先给咱们写个开会的新闻稿。”

我的选调生生活就这样不慌不忙、不急不缓地开始了。我想起初来乍到时好奇地问过同事：“咱们通远忙不忙？”她想了想回答我：“还行，有时候忙，有时候不忙。有人清闲，要是你扛得了重活办得了大事，那就忙得团团转。”

后来我渐渐明白了这点。

街道的杨书记有一天早上叫住了我：“睿芝，过两天省妇联要来何村检查美丽庭院建设工作，你普通话讲得好，到时候你来讲解。好好准备。”

等我和负责妇联工作的领导一对接，发现杨书记说的“过两天”不是虚指，是真的过两天。距离省观摩团来何村只有 48 个小时了，我对这个村的情况还是一头雾水，但初生牛犊不怕虎的劲儿上来了：工作已经接下，现在硬着头皮也要上。收集好素材就开始写稿，修改润色加上领导审核，定稿后时间已经过了一半多。想象了一下初来乍到就把第一件大事搞砸的场面，我不寒而栗，咬着后槽牙一遍又一遍背稿，几乎没怎么睡觉。

天亮后，我拿着话筒，站在村口迎接省妇联观摩团的大巴，有点紧张，但没磕绊。临别时，省妇联副主席对我说：“工作扎实有亮点，你讲得很好！”

这次算是初战告捷，我有了点信心，接下来快两年的工作中，我就是靠着这点信心来做所有难事的：先想“该怎么干”，而不是“能不能干”。

十月份的时候，响应中组部定向选调生全体驻村两年的号召，我被分配到了通远街道何村，也就是几天前我刚刚讲解介绍过的村子。何村是远近闻名的“大棚村”，从 1992 年开始，村支书带着村民种大棚，到现在，全村有三千多栋大棚，人均收入突破两万元，也因为经济富裕，何村经常被作为各种政策的试点。

入村公路宽阔平整，路边整齐的白色大棚一望无际，再往里走，是政府统一修建的灰白相间的双层独栋小别墅。第一次见到那个崭新的何村综合服务大楼时，我不得不感慨，村委会看起来可比街道办公楼阔气多了。

但是村委会大楼再阔气也没有食堂。因家家有车，村民去县城太方便，反而没什么商超饭店，进村的公交车每天只有早晚两班，我的吃饭成了问题。老支书去街道领我的时候，和杨书记拍了胸口："让睿芝来我家吃。现在家里就我和婆姨，还能差娃一顿饭？"

我有点不好意思，赶紧客气了一句："哪能让姨天天麻烦！我做饭能行，我来做。"

和村两委班子开会，帮忙整理电子表格，忙碌了一早上，到饭点的时候，史书记招呼我去他家吃饭。进了大门，当他让我去厨房帮忙时，我才发现老书记把我昨天的客气当真了。我哭笑不得，但同时有点庆幸，毕竟做饭还算是我的一技之长，这也不算虚应承、瞎客气。史书记的爱人60多岁了，刚刚做完手术，走路晃晃悠悠，我看她切菜看得提心吊胆，问清了米面油盐都在哪里，就抢下她手里的菜刀，劝她出去了。忙活了半个小时，洋葱炒肉，辣子炒蛋，蒸猪蹄，对半切开的咸鸭蛋滋滋冒着红油，还有三大碗热腾腾的臊子面。

史书记一边吃一边嘟囔："盐有点少。"

虽然到村上才四个小时，但我已经没有初来乍到的局促感了。我端着碗开玩笑："书记，吃盐淡点，健康，对身体好！"

西风渐渐刮起，路两旁的柳树本来是黄澄澄一片，好像没过几天，叶子就逐渐稀疏下去，最后只留下光秃秃的铁色枝干。再一恍惚，落雪的枝条上抽出新芽，绿意随风轻轻舒展。时间流逝，我的工作步上正轨，也深刻体会到了同事总结出的"忙闲观"——能干事、愿意干事的年轻

人，总不会清闲的。

在干工作方面，我是个有点“喜新厌旧”的人。从来没接触过的事，干起来固然吃力，固然需要加班加点下功夫，但那种新鲜感、成就感混合着一点使命感，让我再累也能振奋起精神。但是等这个工作上了手，理顺了，捋平了，就难免觉得失去挑战性。好在这个岗位没给我“喜新厌旧”的机会，往往是“一波刚平、一波又起”。村情摸透了，何村开始搞民宿产业了，我跟着支书在村里开动员会、入户讲政策、摸排信息；等装修公司开始设计民宿了，街道的便民服务大厅因为工作人员的态度上了新闻，我被紧急抽调回去负责整改，第一次要指挥科室十来个人；等科室工作正常运转了，扫黑除恶工作全面铺开，街道全员出动，整资料、跑宣传，忙得不可开交；夏天了，小麦要收获，“三夏防火”任务很重；冬天了，PM2.5 超标，“治污减霾”也得跟上……

扫黑除恶入户宣传

基层的事就是这样，干部们是千条线下的那根针，大事难事你要能顶上，小事琐事你也躲不开。

晚上回家，闲暇之余，我会看看书，案头常放的书就有《梁家河》。一开始只是飘在字里行间，后来才读出味道。习近平总书记说：“我就是一个农民。”在梁家河插队的时候，他真正成了那里的一分子。选调生到基层一线锻炼，如果格格不入、搞特殊化，扎不了根，就永远不会成长，“深入基层”也仅是一句叫得顺的口号而已。

在乡镇，什么学历、什么文凭都是虚的，最多是同事乡亲嘴上说个稀奇：“噢，这个女娃娃是厦大毕业的！”大家看什么？看你能不能“下势”，是不是个“硬人”。我心里一直有种劲：我是一样的，大家能干的我没什么不能干；我也是不同的，大家干不了的我也可以干。

为了达到这个偷偷给自己定下的“小目标”，上班的前半年，我几乎没有休过周末。后来工作逐渐上手，能歇口气，但回家依然是奢望——我并不是陕西人，要回甘肃老家，只有直达的火车。一来一回，在路上就得耗掉两天，所以只能等到过年休两周假，和父母过一个团圆年。

2020 年，不仅对于我，对于全国人民，这都是一个难忘的春节。新冠肺炎疫情突然暴发，形势极其严峻，1 月 25 日晚，大年初一，西安市启动重大突发公共卫生事件一级响应。

我放弃了和父母团聚的机会，回到了工作岗位。

刚开始，我负责在村口的安全检查点执勤。工作很简单，无非就是为过往的群众测量体温、消杀登记，劝返外来车辆，但是一站就要一天。我怀念厦门的冬天，风也和煦，花也灿烂，铁栏杆上攀爬着怒放的三角梅。北方的冬天是真冷啊，站在风口，一天下来腿都是僵的。有些时候，遇到群众不理解、不配合，就得耐心细致地做解释工作，不厌其烦地讲防疫知识，说得口干舌燥，很多时候一天也顾不上喝一口热水。

疫情防控期间，在安全检查站执勤

几天后，街道安排我兼做信息搜集宣传工作。不在检查点值班的时候，白天我要到各村了解工作情况、挖掘先进典型、收集汇总数据，等晚上回到办公室，我才开始整理素材，撰写稿件。我是理科生，文字功底实在平平，速度当然也谈不上快，敲着键盘，往往不知不觉就到凌晨。

万籁俱寂的深夜，只有办公室的灯是亮的。

连续上班的三十五天里，我总共撰写稿件三十余篇，稿件先后被中国经济网、陕西先锋、今日头条、三秦网、西安新闻网、原点网等近十家网络媒体转载采用，其他街道的同事和我开玩笑：“睿芝，你把标准抬太高了，我们都不知道该怎么写了。”我讪讪一笑。

“爸妈，你们别操心，我一切都好。你们俩就待在家里，尽量别出门……”晚上九点多，我一边吃着泡面，一边给千里之外的家人报了声平安。挂了电话后，旁边的同事忍不住问我："你一个女娃背井离乡的，想家吗？"她知道我是独生子女。

泡面吃完了，手机上微信提醒音响个不停，有些是村上发给我的工作照片，有些是上级部门要求报送信息的通知。我盖上泡面桶的盖子，笑着回答："我这也不算背井离乡，这里也是我的家啊。"

求学的厦门，扎根的西安，远在千里外的故乡，脚下九百六十万平方公里的土地，这都是我的家啊。

晚上我在宿舍床板上沉沉睡去，窗外风声呼啸。我做了个梦，梦见我是一棵树。我听见地底潺潺水声供养着刚刚扎下的根须，听见枝叶在半空中舒展开来哗哗作响，听见土地对我的召唤。她说，冬天总会过去，春天已经到来，你努力一点，再努力一点。

两 年

◎ 范天成　厦门大学法学院 2012 级本科生

◎人物简介：

范天成，2012 年考入厦门大学法学院法学专业，2013 年响应国家号召，赴西藏阿里地区报名参军，同年被分配至某边防哨所戍边。2014 年参与中印边境反蚕食斗争，担任中方翻译，火线入党。2015 年退役复学，申请赴台湾地区交流学习。2017 年荣获“中国大学生年度人物”“中国大学生自强之星”等荣誉称号，且个人事迹刊载于《人民日报》要闻版。2018 年考取江苏省委选调生，2019 年考取吉林大学法学院法律硕士。

一

西藏阿里，世界屋脊的屋脊。

喜马拉雅山脉经过千年的撕裂和挤压之后，孕育了它。孔繁森那个年代，就是我父母的那个年代。我打小就从父母那里耳濡目染孔书记的故事，对我而言，翻达坂、蹚冰河早已不是什么新鲜事儿，阿里的故事，早就刻在了我记忆里。若是再向前追溯，到了进藏先遣连的年代，那时的阿里尚在襁褓，在那个嗷嗷待哺的冬天，是解放军砥兵砺伍大举挺进藏北高原，给它温热了第一杯奶。

我也是阿里的后代。

我曾听母亲说过在阿里的生活，那是和面朝大海截然不同的生活。那时，非得坐着“藏羚羊”颠簸好几日才能到阿里，“藏羚羊”是当时往返新疆叶城和阿里之间的高原客车，在那条高原公路上，它和藏羚羊一样穿梭驰骋在青藏高原上。当时的路面全是石子儿，颠上几天，着实让人茶饭不思，倒反酸水。车子扬起的土和灰总是想方设法地从哪个缝儿钻进车里头，走一遭阿里，才真切感受到风尘仆仆的艰辛。

当时在狮泉河两岸，零星散落着几排房屋，那是当地老百姓自己建的。直到20世纪90年代，才有了援藏工程建起的房子。母亲那时在阿里，用水是自己去河里提，用电是小镇统一时间发电。每天晚上七点，当地大概是迎着新闻联播的时间把电送来，十点就断了。

“藏羚羊”跋涉在这条路上，它见证着历史的车轮渐渐打破高原的平静。可惜那条公路险象环生，容不下脆弱的生命，渐渐被冷落，“藏羚羊”也因出了太多事故而被永久停运，消失在历史里。如今去阿里的路上没了“藏羚羊”，但路途也不再似从前那样艰险，新的高原客车行驶在拉萨至日喀则段的柏油公路上，和沿路拔地而起一座座铁路高架，都带着藏地百转千回的沧桑，见证西藏历史的变迁。

阿里静静长眠在喀喇昆仑之间，坚守着极限。那里的老兵常说喀喇昆仑好汉有四大标准：

“湾上站过哨，死人沟里睡过觉。班公湖中洗过澡，界山达坂撒过尿。”

不过，我常听父亲说，进藏的公路要翻越不计其数的达坂，海拔最高的界山达坂，大概有6700米，让人不寒而栗。提起“死人沟”，当初沿用这个称呼，确实是因为死了些人的缘故。其实那里海拔并不高，但不知为什么，那里的含氧量极低，常常会有静静停靠的车辆，车里的人安然静坐，但却呼之不应，因为那是死去多时已经僵硬的尸体……

阿里让人望而生畏，然而站在阿里的土地上，就是一种奉献。当客车缓缓穿过阿里的牌坊，穿过蜿蜒的狮泉河水之后，当脚掌触到这初生的土壤上，我们定会感到气息在肺腑间和畅地流淌。

二

母亲曾对我说，让我考上大学是她的任务，如今她的任务完成了，而我的任务似乎刚刚开始。从走进厦门大学的那一刻起，我的面前是一片崭新的天空，我要背负着母亲的梦，去飞。母亲并没有向亲朋好友大肆炫耀我被大学录取的喜讯，她压抑着太多的欣慰与赞美，所以我不敢想，假如有一天，在某个瞬间，让我必须放弃这个梦，又有多少人会心痛，会扼腕叹息?

呵！我可真的放弃了。

当初母亲把我送进大学校园之后，压根儿不会想到，在我以后的生活里，会有一群人，不知不觉地闯进我的生活，渐渐成为我生活的重心，甚至改变我的人生。他们是充满柔情的海的校园里刚毅的身影，我后来才知道，他们是国防生。就是他们，给我迈向阿里的勇气，也让我知道在自己内心深处，其实深藏着一颗从军报国的心。

厦大的后山有一潭幽静悠远的湖水，这地方叫“思源谷”，寓意是饮水思源，它隔绝了校园中心的鼎沸嘈杂，只守着这片蓊蓊郁郁的树林。思源谷的水总是波澜不惊的，间或晓风拂过，才会泛起一层羞答答的涟漪。南方多水，有水便有舟，这里也不例外，这湖便也作龙舟池的用途，龙舟也都悉数停靠在湖边的码头。

那一年，我加入了校龙舟队。

因为龙舟，让我结识了厦大国防生，我和国防生也仅仅是船舱里的一道短短的隔板的距离了。狭窄的船舱让彼此近得都能感受到彼此的体温，可在我心里，我与他们不同的身份却又让我们相隔甚远。每次龙舟训练之后，当我看着他们又赶着去参加国防生的训练，而我只能满心疲惫地回到宿舍里发呆的时候，我感到他们那份把握着青春的能量，他们的青春是跳动的，是充满信念的。

端午前后，每年盛大的龙舟赛也要开始了。龙舟队加紧了训练，几乎每天夜里都会组织训练，我也因此看惯了海边的夜。因为潮湿，夜空永远像是被浮上了一层薄雾，看不清遥远的星和朦胧的月。不过常听母亲说起，阿里离天空很近，那里能看见世界上最大最亮的星星。我心里知道，也许这个夏天一过，我就可以看见了。

终于在那个夏天，我带着质疑或支持，嘲讽或祝福，阻挠或赞美，赶往阿里报名参军。来时的路，暂时不会再踏过，来时的风景和路人，也将被慢慢忘记。我换下锦衣华服，剪去乱蓬蓬的头发，背着一床棉被，准备迎接阿里的初秋，准备迎接军旅的淬炼。

我相信那是一片可以建功立业的土地，是一片可以创造奇迹的土地，我披上戎装，从此染上了军人的色彩。

三

距阿里并不遥远的边境地区——支普齐地区，是中印边境西段的最后一道防线，与其他地区不同的是，由于它处在未定国界的区域，多年来始终在中印两国激烈的争议中。

支普齐哨所的官兵常年戍守在这片领土争议区，这也是中国境内距离首都北京最远的哨所，甚至连我们同军区的战友都不知道它具体在哪里。支普齐离阿里地区行署所在地——狮泉河镇不过百余里，随着中央对口援藏工程的实行，狮泉河镇自 20 世纪 90 年代以来繁荣祥和，但就是在这万家灯火背后的支普齐，中印军方却持续爆发着边境冲突，形势始终胶着紧迫。

那年我 19 岁，临危受命被指派为中印反蚕食斗争的翻译，军区派专机直达支普齐。那是我人生第一次坐直升机，专机的待遇也让我意识到边境局势迫在眉睫，那也是我感到肩上责任最重的时刻。

这份突如其来的大任务压在心头，伴着透过舷窗看到的风景，我百感交集。我来阿里整整一年了，这是我以最独特的视角所看到的阿里，双眼暂时变成了聚焦风景的镜头，甄别着每个画面并竭力储存在记忆里，旋转的旋翼打碎了风和光，带着我的梦在高原翱翔。

那年的中秋是在对峙点度过的。

由于中印两方在支普齐地区的基础设施建设还有较大的差距，印方早已把公路修到了对峙点，而我方仍要骑马跋山涉水。这就意味着一旦有争议情形，我们的腿脚永远赶不上印军的军卡，在对峙点始终没有主动权。而面对这次重要任务，突击分队连夜行军，就是为了抢先秘密到达对峙点，打得印军措手不及。

对峙那晚，整个后半夜大家都屏气凝神相互取暖，身处海拔近七千米的边境高原，丝毫不敢多消耗身体的能量。小分队隐蔽在掩体下，背对着月光，躲开印军在山顶的窥视。对峙从清晨开始就始终在僵持，清晰可见的是我们在支普齐地区的布兵数量远不及印度，我们很快就陷入寡不敌众的局面，先锋队的十几个人面对着几百名印军，山腰山谷很快也站满了印军。

我们常常在混乱的斗殴中被逼退百余米，印军的人数不断增加，仍不断地有士兵下到深沟里来，甚至还有士兵手里拿着铁棍和钢管。站在对峙最前面的两军士兵很快发生了身体碰撞，紧接着就是你推我搡的肢体冲突，那些拿着钝器的印度士兵见势冲到前面来，试图用钢管挡住我们的攻击。然而在互相争抢的过程中，钢管有的被打落，有的被我们抢了过来，对抗演变成了互相殴打，双方士兵在挖机前激烈地扭打起来。

饥饿、寒冷和斗争让我每天都在祈祷对峙的结束，比起那些在战争中壮烈的痛苦，这种无声无息的消耗更让人感到折磨。阿里的深秋只有黄沙戈壁，还没有降雪，除了刺骨的巴拉河水可以解渴以外，连野菜野草都不见踪迹，那种饥饿也把人的本性暴露无遗。

对峙和冲突日复一日地发生，我作为翻译也日复一日参与协商谈判，直至圆满完成翻译任务，因为我知道，我代表着中国，我呈现的是当代中国大学生的面貌，我也知道，在这片没有界碑的土地上，我的脚踩在哪里，哪里就是中国。

文字所能表达的永远只是片段，但片段的背后，是大学对我生活的指引，是知识对我命运的改变。生活中无论是惊喜还是苦难，其实只要知道它终究不过是过客，就会发现这其中也存在着美好。生活中无论是机遇还是挑战，也都将是使你保持战斗的动力。你要坚信，当你肩上承担重任时，你会收获更多的信任和期待，你的心也将变得无比坚硬。

从海边到天边，我时刻不敢忘记自强不息的校训，它支撑着我度过了那段最艰难的时光，让我心怀万家灯火，让我始终奋勇向前。

李汉鹏：永远做基层实践中的“学习者”

◎ 冯韦隽　厦门大学新闻传播学院 2017 级本科生

◎ 人物简介：

李汉鹏，厦门大学 2018 届生命科学学院微生物学硕士。2019 年 2 月，被派驻吴忠市同心县张家塬乡海棠湖村担任驻村扶贫干部，紧密配合村“两委”，使海棠湖村贫困发生率由 2014 年的 36.32% 下降至 2020 年的 0.89%，实现整村脱贫。2020 年 1 月被同心县人民政府评为脱贫攻坚先进工作者，同年 5 月被吴忠市人社局评为优秀公务员。

从象牙塔里的实验室到农村扶贫一线的“试炼场”，对于李汉鹏的选择，他的同学至今依然无法理解。李汉鹏却说：“我本来就是农民的儿子。在职业选择上，我愿意回到这片生我养我的土地，愿意回到父母身边，力所能及做些实实在在的事情。”

这位 2018 年从厦大生命科学学院毕业的微生物学硕士，放弃了读博深造和北上广高薪就职的机会，选择回到生养自己的宁夏，成为厦门大学第一批宁夏定向选调生。

来自宁夏南部山区的李汉鹏亲身体验过农民的不易，感受过农村发展的滞后。在他看来，和实验室里朝九晚十的科研生活相比，使家乡基层老百姓的生活在自己帮助下有所改善，让他感觉更为实在。

但初涉基层工作就让李汉鹏犯难的，不是从沿海发达城市到内陆脱贫攻坚区的环境落差，而是自己在基层行政工作上经验的缺乏。在吴忠市人社局办公室工作时，一次“七五”普法档案的整理工作让过去习惯于与显微镜打交道的李汉鹏急得团团转。面对大量的档案文书，理科出身的李汉鹏忙到眼睛直疼也抓不住工作重点。为了提高工作效率，李汉鹏查阅了大量资料，不断向同事请教工作思路。通过工作中的学习和摸索，最终顺利完成了材料整理和上报任务。

除了从书本学、从实践学，还要从老百姓中学。在和基层人民打交道过程中，李汉鹏逐渐积累了“站在老百姓角度想问题”的工作方法。李汉鹏回忆，在红寺堡区大河乡参与信访维稳工作时，被上访群众责骂是常有的事。但李汉鹏说，唯有以包容理解的心态，为老百姓做好法律政策讲解，才能真正为老百姓调解纠纷。

基层宣传要学会说老百姓听得懂的话，是李汉鹏最深的工作体会之一。宁夏同心县海棠湖村地处贫困山区，群众受教育水平低，过去用宣传单进行扫黑除恶的政策宣传效果不佳。为了让不识字的群众及时了解党的政策和法律法规，李汉鹏富有创造性地想出用“放电影”的方式来进行宣传工作。他从网上下载了三部相关题材的微电影，自学影片剪辑技术，把影视作品制作成群众喜闻乐见、通俗易懂的普法宣传视频，让老百姓对扫黑除恶工作有了更深认识。李汉鹏说，现在老百姓遇到村霸等涉黑问题，已经开始会打电话进行上访举报，用合法方式维护自身权益。

做好普法和政策宣传，还需自身政策法律素养过硬。如今，李汉鹏只要一有时间就抓紧学习。白天工作、晚上读书，已经成了李汉鹏生活的常态；他珍惜每一次参与培训学习的机会，努力提升自己的法律和政策水平。除了阅读书籍、学习网络慕课，他还特地找来法律专业的同学和朋友请教工作问题。李汉鹏认为，关于综治工作，他需要学习的东西还有很多。

“纸上得来终觉浅，绝知此事要躬行。”在海棠湖村，为了深入、全面地掌握当地贫困家庭状况，李汉鹏坚持每两周走访一次。海棠湖村聚落分散，彼此相隔好几里地；加上山区交通不便，村里两天才跑一辆班车，走访工作十分不便。每次车开到路边，李汉鹏只能下车步行，挨家挨户地拜访询问。海棠湖村自然环境恶劣，产业发展水平低下；大量年轻劳动力外出务工，部分老龄贫困户仍住在通风条件差的土房窑洞……这些现实问题让李汉鹏感触很深，也让他深刻认识到了扶贫工作坚持“一户一策”的重要性。

从红寺堡区大河乡到如今更为偏远的同心县海棠湖村，一步一个脚印地走访调研让李汉鹏多了泥土气，少了学生气。一位接受李汉鹏帮扶的贫困户户主说，李汉鹏“一点都不像大城市来的大学生，接地气得很，老是把俺家的事放在心上”。

2019 年 1 月 19 日晚上十一点半，李汉鹏发了一条微信朋友圈，照片是他和“塞上读书会”的宁夏选调生一起读完费孝通的《乡土中国》后的合影。在该书的读后感中，他写道：“海棠湖是中国万千乡土村庄的一个，它是一个‘熟悉’的小社会……愿这个‘熟悉’的社会，在党和国家的政策扶持下，成功摘掉贫困村的帽子，同样步入现代农村的行列。”

而从基层农村这本大书中不断汲取营养的李汉鹏，早已融入自己全心全意服务的每个乡土村庄中。他的所学所获，从这片生养他、培育他的黄土地中来；而他奉献的一切，将往这片黄土地上的人民中去。

他，点亮了千里之外的小橘灯

◎张　琰　厦门大学法学院2014届硕士毕业生

◎人物简介:

陈龙，厦门大学人文学院历史系2014届硕士毕业生，2014年扎根贵州铜仁。2016年主动申请驻村，分别担任贵州省松桃县黑水村、永和村驻村第一书记，驻村三年考核均为优秀，2017年分别被评为松桃县优秀村第一书记、铜仁市优秀村第一书记，2018年被中共贵州省委表彰为全省优秀村第一书记，入选2018年度全国向上向善好青年候选人。2019年被共青团贵州省委评为贵州省青年讲师团成员，被省国防教育办评选为贵州省国防教育讲师团讲师。

一

2016年5月7日下午6时许，在贵州省铜仁市松桃苗族自治县冷水溪镇黑水村崇山环绕、云雾缭绕的青山组山坡上，一个年轻小伙一边操着广东口音的普通话，一边用手势比画，与土著村民沟通。

“大哥，你好，我是新任黑水村的驻村第一书记，想了解一下你家情况。”

村民满脸疑惑，看着充满稚气的小伙子。

“我家穷啊，书记，你可要为我做主。”

“大哥，慢慢讲，不急，我就是专程来听听你们有什么困难的。”

小伙子打开笔记本，在本子上认真地记录着。这是他徒步走访的第二十个村民组，也是最后一个村民组，一个月以来，他已经走了一千多公里，笔记本也仅剩两三张空白页。

“丁零零，丁零零，丁零零——”由于崇山闭塞，小伙子已经连续一个星期没有收到信号的手机，或许是今天爬到了村落最高的山顶的缘故，突然有了微弱的2G信号，接连收到了30多条短信和100来个妻子的未接电话提醒。

“我羊水破了，我快临产了，你在哪？能回来陪我吗？”30多条短信同一个内容。

望着山连山的前方，小伙子心急如焚，青山组离村口还有10来里的山路，村口到乡镇10来公里的泥巴路没有班车往来，乡镇到妻子临产的医院又有90来公里，同样面临着没有班车通行的困境。

“书记，赶紧来，我带你走捷径下山。”“书记，赶紧来，我喊我娃骑摩托车带你到乡镇。”“书记，赶紧来，我开车送你去市区医院。”知道小伙子要回市区医院陪护临产的妻子，几位村民接力4小时，最终赶在小孩出生前把小伙子送到了医院。

“你一个不能吃辣、怕寒的研究生毕业的高才生，来我们村驻村，和我们同吃同住，为我们脱贫出谋划策，我们不收你的钱。”

当小伙子想给村民路费时，村民们摆手拒收。

这位年轻的小伙子，他叫陈龙，厦门大学人文学院2014届广东籍硕士毕业生，毕业就选择扎根贵州铜仁。2016，他年主动请缨驻村，因不能吃辣，所以自己开荒种菜，自给自足；因山路崎岖，所以他徒步翻山越岭，走村串户；为了及时摸清村情民意，他放弃公休，不分日夜地工作。

5月8日凌晨1时许，也就是陈龙赶到医院的一个小时后，他的小孩出生了。看着妻子虚弱的身子和呱呱坠地的女儿，陈龙又忙着照顾妻儿，一夜未休。

“书记，我们村明天要动员村民签协议修产业路，您，能来吗?”5月8日中午12时许，刚照顾完妻儿午睡的陈龙接到了村干部的电话。

陈龙迟疑了。

未熟睡的妻子听到了电话里的事情，宽慰着为难的陈龙：“去吧，我这里有医生，有护士，你安心工作吧，村里需要你。”

“要不，书记，我让村民们推迟一天?”

“不！我马上赶回来，明天照常开展工作。”

想到村里连一条能通车的公路水泥路都没有，自己出村一趟都如此艰辛，何况村民每日如此。陈龙不再犹豫。

5月8日下午16时许，陈龙赶上了铜仁市区前往松桃的最后一班客车，来到了松桃客运汽车站。

“不好意思，去冷水溪镇的班车，每天中午12点一趟。”

没有车，在县城住一宿，明天再回村里?赶不及了。这次，陈龙没有犹豫。他选择了从县城走路回村里。饿了，吃从村里买来煮熟的红薯，夜黑了，用手机微弱的灯光照亮前行。

第二天上午，陈龙带着群众开挖产业路。没有人知道陈龙一夜未休，是徒步七十多里路赶回村里的，只知道，一年后，自开村以来第一条崭新、宽阔的水泥马路连通了外界，村民种的菜终于有机会端上城镇人家的饭桌，村里农户家里也多了摩托车、小轿车……

自此，厦大小硕陈龙，变成了驻村第一书记陈龙。

二

贫困山区的穷，不止因为路的不通。

2017 年 5 月的一天清晨 6 时许，一个小时前就起床徒步翻过两三重山来到山脚下小学门口的 3 个一年级学生，正在门口追逐打闹。看到了学校旁村委会公告栏张贴的崭新的贫困户信息登记表，他们好奇地凑上去看。

“咦，这不是你爸爸名字吗？你也太幸福了吧！”

“为什么我叔叔名字没在上面？”

“扶贫扶贫，越扶越贫，种什么油茶，还不如直接把钱发给我们。”

没多久，小朋友们觉得没什么意思，又跑去其他地方玩耍去了，等待七点半学校开门，留下了寂静无声的公告栏和公告栏内侧窗户旁边停笔陷入沉思的陈龙。

正在伏案整理新的一天驻村工作安排的陈龙，此时把笔举在半空久久没有落下。驻村一年多了，帮扶了 2 个村落，在走村串户中，诸如上述的抱怨也听过不少。诚然，如果刚才的抱怨出自极个别好吃懒做的中年贫困户口中，陈龙并不觉得诧异。可是，这竟然出自一个小学一年级的孩子之口，出自为了按时上学，宁愿五点钟从床上爬起来，翻山越岭徒步来上学的孩子之口！

“教育，教育，唯有教育。”陈龙若有所思地自言自语。

“同学们，你们好，你们见过我吗？”

“见过。”

“知道我是谁吗？”

“你是村里的干部，你来过我们家。”

“谢谢你们还记得我，从今天起，我同时兼任你们的英语、历史老师。 知道什么是英语吗？ 什么是历史吗？”

“英语就是外国人的语言之一，历史课，就是给同学们讲故事的课。”

“好呀！”孩子们雀跃欢呼，期待的情绪洋溢在稚嫩的小脸蛋上。

当天上午七点半，陈龙和小朋友们一起在学校门口等校长开门。 一见校长，陈龙就和校长申请自愿兼任村小的英语和历史老师。

“你？ 第一书记来当村小老师？ 一个重点大学的硕士高才生，来我们学校义务教书？ 我们学校是不完整小学，只有一、二、四年级，没有三、五、六年级，小朋友们连 abc 都不知道是什么？ 你确定要来吗？”

校长在听到铿锵有力的“是的”回答之后不久，便听到了教室里开校以来的第一位英语老师和学生们可爱的对话。

2017 年 11 月的一个夜晚，寒风呼啸。 在铜仁市，原本山村里的夜就比城区的夜更为寒冷，何况住在四面透风的木板房的村委会里，睡在用五块长木板架在两张木板凳上的床上，陈龙更觉苦冷，用三床被子把身子裹得紧紧的，好不容易在凌晨 1 点入睡，不久后就听到村委会木板门咯吱被推开的声响。 陈龙猛然惊醒。

“谁？ 是谁？”紧张地大声吼了两声，陈龙便听到了凌乱的跑步声由大变小。 随后，陈龙立即打电话给住在离村委会不远处的村主任，和村主任一起去寻找小偷。 凌晨 3 时许，在附近的村民小组抓到了 2 名小偷。

“如果不是亲眼看到，这事我打死都不会相信。”陈龙和村主任看到两名小偷真面目后，愕然不已，两个人脸上那种复杂的表情，就像一团被拧得皱巴巴的干毛巾。

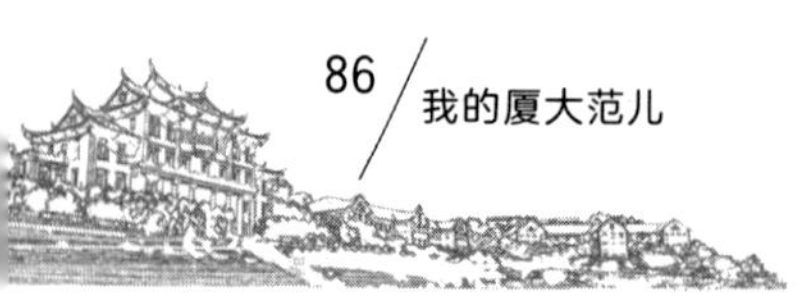

小偷最大的7岁，最小的5岁！还是建档立卡贫困户！还是留守儿童！还是跨省作案！徒步10公里，从隔壁省来到陈龙驻村的农村。

“这可能是我这辈子遇到的最大的事，我一定要做点什么。”当天，陈龙笔记本里的空白页被写上了这一句话。

三

解决了留守儿童教育问题之后，陈龙又发现了一个问题：教育扶贫解决不了燃眉之困——产业发展。

产业发展缺土地吗？不缺，漫山遍野都是土地，只是荒芜久矣。

产业发展缺人力吗？不缺，评定的贫困户成百上千，只是没有激发自生动力。

产业发展缺思路吗？确实缺。

陈龙驾车带着一波又一波的村民到产业基地观摩学习，村民们看到其他村产业利润丰厚，两眼放光；引进了销售企业来给村民算经济账，村民们听得兴趣盎然；带着农业专家来村里传授种养殖技术，村民们学习态度堪比高考生。

努力尝试做了前期工作，陈龙满怀激地情组织全村村民召开产业发展动员大会，却愕然发现村民们并没有像设想的那样响应。

“我们村尝试了不少产业，却一直不见成效，现在村民们对产业发展谈虎色变。”在产业发展院坝会上，村干部道出了产业发展难以为继的实情。

时势造英雄，真的猛士，将更加奋然前行。

没有人响应，陈龙就自己带着驻村干部做起了第一书记产业示范田。

没有土地，陈龙自己承包了 6.5 亩土地。

发展什么？ 他从淘宝网平台上买了莲藕、马蹄、泥鳅和稻田鱼。

没有犁田工具，他联系厦门大学校友开办的贝盈律师事务所募捐 3 台犁田机。

“陈书记，你这田里的马蹄长势喜人呀，一亩至少都有 3000 元利润吧？”

“陈书记，你这田里的鱼儿一尾都有一斤左右吧？”

“陈书记，每天饭后散步，经过你的荷花田，真是好看呀！”

半年过后，村民们对第一书记产业示范田的成果产生了极大的兴趣。面对村民们的羡慕之情，陈龙仿佛忘记了半年来起早贪黑、自掏腰包、自学农技，一根一根藕根栽下，一尾一尾鱼儿放生，一亩一亩田地精细管理的各种艰辛和汗水，随即做了让所有贫困村民都喜出望外的决定：“所有的收成免费发放给我们村贫困户，我将带着你们一起发展产业。”

雀跃的欢呼声，再一次感动陈龙。

四

陈龙，成了其他驻村干部学习的偶像。

驻村三年，寒门贵子造就计划、第一书记产业示范田、留守儿童关爱举措、第一书记微党课……陈龙驻村的成效和举措得到了越来越多的驻村干部的关注和效仿。 对其他讨教的驻村干部，陈龙也倾囊相助，利用休息时间，奔波铜仁 10 个区县的乡镇村落，为驻村干部分享扶贫心得；奔波小学、中学、高校，为青年学生分享向上向善的奉献故事，累计为 31 个贫困村、10 所学校开展 70 余场讲习。

2017年，陈龙被铜仁市委宣传部评为新时代市民讲习所市级讲习员；2018年，被共青团贵州省委授予“牢记嘱托感恩奋进·脱贫攻坚‘冬季充电’青年先锋大讲习”讲习员，被贵州省委员会评为全省优秀村第一书记；2019年，被共青团贵州省委员会聘为贵州青年讲师团青年讲师，被省国防教育办聘为贵州省国防教育讲师团讲师。

“鲁迅曾这样告诫中国青年：‘愿中国青年都摆脱冷气，只是向上走，不必听自暴自弃者的话。能做事的做事，能发声的发声。有一分热，发一分光，就令萤火一般，也可以在黑暗中发一点光，不必等候火炬。’青春于我，便是践行鲁迅先生理念，力所能及，发一分热，发一分光。”在驻村日记本扉页，陈龙工整写下这一段话。

詹阳：做基层人民事业的“创业者”

◎ 冯韦隽　厦门大学新闻传播学院 2017 级本科生

◎人物简介：

詹阳，厦门大学 2017 届人文学院历史系历史地理学专业硕士，江西省委组织部 2017 年定向选调生，2017—2019 年曾挂职于宜春市高安市石脑镇人民政府副镇长，分管工业、宣传、精准扶贫以及农村人居环境整治，连续两年被评为优秀公务员；现就职于宜春市人民政府办公室调研科，主要负责市政府工作报告和市政府主要领导综合性文稿的起草工作。

基层工作辛不辛苦？“上管天，下管地，中间还要管空气！”在江西省高安市石脑镇历练了近两年的詹阳这样说。但正是为人民的一切操心的基层工作，让这位厦大历史地理学专业硕士出身的选调生收获了最大的成就感。

320 国道精品通道整治建设、城乡环境综合整治、省级贫困村陈罗村的脱贫攻坚工作、挂点村的 2 个新农村建设点的旧村改造、全村 9 个宅改示范点的宅改工作……在石脑工作的第 401 天，詹阳这样总结自己的工作历程。

若把时间拨回到 2017 年 11 月 8 日，初到石脑的詹阳，心里却混杂着激动和迷惘。“毛主席说过，‘农村是一个广阔的天地，在那里是可以大有作为的’，我可以利用自己所学，施展一番拳脚”，但基层的实质是什么，如何把自己所学和当地实际相结合……面对种种难题，念头纷繁而至。

但比这些问题更直接地摆在詹阳面前的，是如何融入当地群众，并为之接纳。对于来自湖南长沙的詹阳来说，第一步便是要学会“听懂”群众语言。为了适应当地方言，詹阳常找机会同通晓土话的干部下乡，在与群众交流中不断浸润；他还观看方言节目以及查阅相关方言文献，三个月后，詹阳便能基本听懂当地群众在说什么，“有时和群众说上一两句（土话），也就拉近了自己和群众的距离”。

在石脑的第一项基层工作是维护石脑一年一度的物资交流会的现场秩序。这是詹阳第一次看到如此大型的乡村展销会，历史地理学的专业背景让他对这次物资交流会变得敏感。他向同事和摊贩询问并查阅相关资料，试图了解物资交流会的历史起源。当得知这个物资交流因袭于传统的庙会后，他认识到，地方文化虽经过了诸多社会变迁，但其与地方民众的生活实践息息相关，仍发挥着举足轻重的作用。在后来的工作中，他愈发认识到乡土文化与现代性实际并不冲突，“传统的乡村文化绵续至今，其实也极具鲜活的生命力”，而乡村振兴需要做的，是凝聚国家力量，挖掘乡村社会的内生动力。这一切，都基于农民这一乡村振兴的实践主体。

俗话说，“要致富，先修路”，詹阳为民谋利的路遇到过不少插曲。在推动旧村改造工作中，一位群众找到詹阳，希望他能帮忙解决房屋墙面倾倒的隐患。这件小事却让詹阳犯了难：村里以事难办推诿塞责，而且这事非他自己分管的内容，他也做不了主。“群众利益无小事，群众找到我就是相信我，我不能对不起这份信任。”詹阳第一时间去现场，安抚群众情绪，并积极与分管领导沟通，最终把群众的诉求落到了实处。后来，每次詹阳下乡经过他们村，那位群众都会主动找他攀谈言谢。“其实这件事我就只是搭了个桥，但对于‘以真心换诚心’这句话，我有了更为深刻的体悟。”

詹阳说，自己一直与民交心，“把群众当作亲人一样”。詹阳每次下乡到了农户家里，有时间都会跟他们唠唠家常、询问近况。他不仅主动为帮扶对象的小孩补课，还帮助因慢性病赋闲在家的贫困户推广其经营的网店——如今网店生意有声有色，贫苦群众家里的日子也越过越红火。詹阳还积极向上级争取 10 万元资金，完善了敬老院配套设施和相关社工服务。

2018 年冬天，詹阳因长期熬夜患上严重的皮肤病，他的帮扶对象还主动提出要骑车载他去诊所治疗。“那次经历对我触动特别大。那位老人都 70 多岁了，自己也是小病不断。寒风凛冽的日子里，这片真心让我倍感温暖。”

两年的选调生任期即将结束，詹阳和石脑人民的心也连得更紧了。发展村级产业、关注乡村留守儿童和空巢老人、挖掘乡村文化资源……詹阳想做的实事还有很多很多。

“基层工作交到我们手中就是一份事业，我们要以创业者的心态对待它。”詹阳如是说。他正是以这样的精神，把国家命运和个人理想紧密联系在了一起，把自己的宝贵青春无悔地倾注到无限的人民事业中去。

带着厦大的梦想，让优质教育触手可及

◎ 陈恭明　厦门大学软件工程专业 2002 级本科生

◎人物简介：

陈恭明，厦门大学软件工程专业 2002 级本科生，曾任职百度技术总监，现为作业帮联合创始人。

一、毕业：错过那年凤凰花开

“又到凤凰花朵开放的时候，想起某个好久不见老朋友，记忆跟着感觉慢慢变鲜活……”每次听到那首《凤凰花开的路口》，总能想起毕业时，同学们边唱边哭的情景。

我是厦门大学 2002 级软件工程专业毕业生。记得 2002 年国家有个政策，考虑市场急需软件专业人才，要求扩大软件学院的建设和招生规模。厦门大学软件学院是第一批经教育部、原国家计委批准的 35 所国家示范性软件学院之一，所以我们就成为第一届软件工程专业（现在归属厦大信息学院的软件工程系）的学生。

理工科学生骨子里没那么浪漫，毕业多年，听到旁人提及母校是中国最美大学也会跟着骄傲，但当时报考厦大，是因为我本身是福建人，厦门大学又是福建唯一的 985、211 院校，那个时候的我非常期待去顶尖学府开阔自己的视野。

人们常说，最好的老师有三种，第一种是递锤子的人，当你想要钉钉子，老师把锤子递给你；第二种是点石成金的人，在求学过程中遇到迷茫无助的时刻，老师会在这个时候帮你指点迷津；第三种是开窗子的人，学海无涯，你以为看到了风景的全部，优秀的老师会帮你打开另一扇窗，让你豁然开朗。厦门大学有很多这样的老师，本科四年，我有幸遇到过他们。

大三教我们编译原理的史晓东老师，用我们行业的话，他是一个非常“Geek”的人。编译原理是我们专业非常重要的课程，它涵盖了编译程序构造的一般原理和基本方法，包括语言分析、语法制导翻译、中间代码生成、存储管理、代码优化等，简单来说，就是程序员写代码的基础和基石。史老师代码能力很强，那个时候，我觉得这个老师太酷了，他不仅持续钻研科研理论，而且一线实操能力超群。现在回想起来，是史晓东老师让我了解到“大学之道，在明明德，在亲民，在止于至善”的真正含义。

很多人都知道，凤凰花是厦门大学的校花。在厦园，凤凰花的花期是每年6月和9月，9月的凤凰花常被人忽略，而6月盛开的火红的凤凰花却让即将离开厦大的学子无限惆怅，我错过了毕业那年的凤凰花开。

如果说史晓东老师是递锤子的人，当时我们学院副院长董槐林老师为我打开了另一扇窗。因为是第一次开设软件工程专业，很多课程都在摸索阶段，我们平时课业压力很大，很少和外界接触。董老师鼓励我走出校门到外面的世界学习，为我写了保送浙大研究生的推荐信。大四下半学期，我开始跟着导师学习，毕业那年凤凰花开的时候，我已经离开了母校。

二、工作：自强不息止于至善

1921年陈嘉庚先生创办厦门大学，把“自强不息，止于至善”定为校训。毕业之后我们能带走的，就是厦大的烙印。

从打工到创业，很多人问，我的梦想是什么？其实最开始工作，就是单纯想要提升自己。我很幸运，赶上了中国互联网发展的黄金时期，2008年研究生毕业后，加入百度。那时百度的技术团队有非常多厉害的人，我想着终于有机会向他们学习，基本每个周末都在公司上班，当时没有人要求我们加班，但我一直坚持，因为做互联网技术必须要下功夫钻研。在百度工作的第四年，我开始负责带领两百多人的技术团队。独自带团队，遇到更多的挑战，我发现自己不是一个人在工作，毕竟个人的精力有限，很多事不可能靠一个人完成，所以我开始学着培养团队，那个时候的工作重心从提升自己变成了成就别人。

毕业时，我们都会留下这样的照片：把所有的学士帽、硕士帽、博士帽扔到天上。十几年后，大家是否还有勇气，把头上戴的乌纱帽，或者千辛万苦换来的任何帽子，同样扔到天上去？在百度工作的第七年，我做了这样的事。

厦门大学的校训“自强不息，止于至善”一直以来对我影响很大。这句话的核心是坚持不懈，精益求精，创业就是如此。工作几年之后，我在想有没有机会自己出来做一些事情，跳出舒适圈。创业充满了不确定性，很多事情可能需要不断尝试。比如，目前我们做互联网教育，前人没有做过，这个行业有非常多的模式和方向需要解锁，包括对于整个公司的建设和运营，都需要不断优化。作为公司的高管，必须要求自己把事情做得更好，才能带领团队走得更远。“自强不息，止于至善”，厦大校训对我的影响一直存在，而梦想，也是一步步走出来的，没有什么特别的设计。

三、创业：让优质教育触手可及

离开百度，我和伙伴们成立了一家互联网教育公司。我是福建南平人，南平地处福建省北部，武夷山东南侧，同时也是闽越文化、武夷茶道文化的发源地。毕业几年后我回到家乡，发现当年高中时教我的那些非常优秀的老师，基本上都离开南平去了厦门或者福州。优质教育资源向经济更发达的地方倾斜是基本发展规律，我们做互联网教育，如果可以解决教育资源的均衡问题，就是件很有意义的事。

最初确定公司的愿景、使命和价值观时，我在想，互联网教育公司能做些什么。纵观整个中国大地，仍然有非常多贫困、教育资源匮乏的地方。

2012 年，我去西藏旅游，走到了阿里地区，遇到了一位来自北京的任老师。他曾是某部队大学的副教授，2005 年来到西藏，至今留在当地做支教老师。阿里地区有座神山叫“冈仁波齐”，每年都有很多朝圣者前往转山。任老师在那里开了一个小旅社，去神山旅游的人住他的旅社，一个晚上 30 块钱，如果到神山上转一圈，把山上的垃圾捡下来，就可以免费住一晚。

每年春天，任老师会开着一辆破车，到西藏牧区里找孩子的家长，把开旅社赚的钱送给这些家长。西藏享有国家教育福利，当地孩子上学是免费的，但那些家长认为，小孩子不用上学，上学以后还是要回来放羊，不如直接去放羊赚钱。任老师就是到这些地方把钱送给家长，告诉他们别让孩子去放羊，让孩子去上学，他把钱给他们。2012年是任老师在西藏的第八年，而那时的北京，仅在海淀区就至少有3万多家教育培训机构，这就是整个中国非常现实的教育资源不均衡的问题。

2014年我们创业，赶上了互联网高速发展时期，随着手机的普及和高速网络的覆盖，我们发现，能够通过互联网技术把真正好的教育资源扩散出去，解决中国三至六线城市教育资源不均衡的问题，争取做到让优质教育触手可及。

“鹭江深且长，致吾知于无央。”“鹭江深且长，充吾爱于无疆。”厦大的校歌唱出了求知与博爱。

六年来，我们越来越了解教育这个行业。刚创业时，我们做了一款教育工具，从真实教学场景出发，以“拍照搜题”为抓手，解决用户日常学习中的问题，目前市场占有率超过80%。客观来说，那个时候并不知道什么才是好的教育。后来，我们开始做在线直播课，通过名师在线直播的方式，让学生在家学习。目前，作业帮直播课累计服务学员超过4900万名，付费用户超过1200万，已完成超过19万门在线直播班课，学生覆盖全国各个省市自治区，好评率达95%。2020年疫情期间，我们还推出了免费直播课的公益项目，帮助了全国3100万中小学生。我们还在尝试为更多偏远地区的孩子提供素质教育，已经上线的作业帮名家直播课免费公益课程，邀请了各领域名人学者讲授专题课程，全面提升孩子的综合素质。

我们对教育有了越来越深刻的理解，未来，希望作业帮能够成为一个了不起的受人尊敬的教育公司。对我而言，母校的印记也将一直伴随着我的未来之路。

第三篇

多彩校园

我和厦大的文艺范儿

——厦门大学原创音乐话剧《我的青春我的团》创作演出纪实

◎ 吴王治　厦门大学外文学院 2018 级本科生

◎**人物简介**：

吴王治，厦门大学外文学院 2018 级本科生。现任厦门大学学生艺术团管乐团团长，外文学院日语一班文娱委员。曾参演厦门大学原创音乐话剧《我的青春我的团》并担任男主角；2020 年 2 月，创作原创抗疫歌曲《最美的逆行》，由厦门大学哔哩哔哩官方账号、校团委、校电视台官方微信公众号共同发布。

“艺术给我们插上翅膀，把我们带到很远很远的地方。”

初读契诃夫这句话时，年幼的我不曾想过，十几年后，我也会在我的青春中写下自己的旋律——谱下鹭岛晚风、鼓浪清波，也会试着用艺术去勾勒厦园无数青年人的胸怀，去探问同处在这样新纪元中的一代人所追求的诗与远方。

我叫吴王治，是厦门大学外文学院 2018 级的一名本科学生。出于对艺术的热爱，我现任厦门大学学生艺术团管乐团团长和外文学院日语一班的文娱委员，闲暇时我常自己创作歌曲：2020 年 2 月，创作原创抗疫歌曲《最美的逆行》，由厦门大学哔哩哔哩官方账号、校团委、校电视台官方微信公众号共同发布；曾参加福建省首届原创校园歌曲大赛，以及厦门大学第三十五届校园十大歌手赛暨第十六届原创歌曲大赛。

但若说入学以来，厦门大学给予了我什么崭新的艺术体验，应当要从我曾参演并担任男主角的厦门大学原创音乐话剧《我的青春我的团》说起。

2019 年 5 月 5 日,《我的青春我的团》在建南大会堂顺利完成首演

记得那是 2019 年的 4 月，我大一的第二学期，和大部分刚进入大学的同学一样，我正在为我的未来焦虑着。这时候，我在微信朋友圈无意中看到了校团委出品的、以厦门大学学生支教团真实故事改编的原创音乐话剧《我的青春我的团》在招募演员。

刚开始我没有什么特别的想法，只是想要让自己从繁忙的学业中抽离，换个环境，换个方式度过我的校园生活而已。但我没有想到，这部话剧，让我真正对话剧有了初步的了解，让我收获到了一段难以忘怀的校园经历，也让我通过演绎剧中主人公的角色，体味到了艺术源于生活又高于生活的、撼动人心的美。

从生硬地背诵台词，到渐渐能体味剧中人的心理，再到设身处地地将自己代入剧中，我多次感到自己与剧中人身处一样的境地，当我在追问剧中人的所思所想时，我逐渐意识到，我其实也在追问自己的灵魂：我在数次追问中更加明晰，身处这样喧闹而嘈杂的时代，作为一个普通而又平凡的青年人，要如何在平凡中进取与追求，方能不辜负这短暂而又珍贵的青春。

一、初试锋芒，阴差阳错入奇境

初入剧组时被选上男一号纯属阴差阳错，我对男一号的人设认识十分浅薄，只知道他是厦门大学公共事务学院的一名团支部书记，一个十分脸谱化的“红专正”形象。

这样的粗浅认识很快让我吃了苦头，在我们正式排练的第一天，老师叫我上台即兴表演出发前招募支教团成员的那一幕。对于表演经验为零的我来说，这还是第一次在专业老师面前表演。剧本还没有完全定稿，凭借着脑海中的脸谱化角色印象，我的动作和语言都那样僵硬而没有生气。

老师在台下冲我喊：“要放开，要放开！舞台剧动作那么小，没人看得见！”

那时候剧组所有同学都在盯着我看，我涨红了脸，心里想着绝对不能掉链子，我可是男一号啊！但万事的开头似乎都极为艰难，我愈演愈错，大把大把的时间都在调整中过去了。

我们的导演是厦门大学艺术学院舞蹈教研室主任李鑫老师，艺术指导是来自北京舞蹈学院的易宏宇老师和薛松老师，老师们显然看出了我的局促。

“想想看主人公要怎么做！”他们对我喊道。于是我在慌乱之中试着平复心情，试着把自己代入剧中主人公陈远航所面临的情景里，“我要招队员，招队员的话，我要让大家注意到我，我的话要有吸引力，我的表情和动作也要有吸引力。陈远航是个热血方刚的青年人，有踌躇满志的狂妄，但也有担心做不好事情的慌张和担忧，我的表演应该是有这样的张力的”。

这样想着，我逐渐冷静下来，想象自己进入一个脱离于我所处的现实场景的地方，台下没有老师和同学的围观，我旁若无人地开始表演，自己“创造”的台词脱口而出。我一表演完，回过神来，台下的同学们已经鼓起了掌，老师也对我说：“这次不错，有感觉了，比昨天好多了。”

这次的经验让我第一次深深认识到，要想让表演能够打动人，表演者需要呈现的语言与动作都应当更为真实而灵动、更为贴近生活，这本身就需要对人物形象有更加立体的认知。我们在试着呈现一个新时代青年人担当与使命的故事，但这样的青年人形象绝非脱离生活的完美圣人，而是担心犯错、欠缺经验却仍跌跌撞撞地向前探索，仍想要在最好的年华做出点无愧青春的事。

少年人的勇毅之美恰是这种稚嫩与挣扎中的艰难成长。

建南大会堂的日常排练

二、亦苦亦甜，戏里戏外皆真章

创作和排练的过程是十分辛苦的，这部话剧作为纪念五四运动 100 周年的献礼，在建南大会堂的首演时间定在了 5 月 5 日，留给我们的时间只有 20 多天。白天我们都有自己的专业课，晚上我们要从九点一直排练到凌晨一两点，在这 20 多天里，我们要完成剧本创作，音乐改编，抠戏等工作，经常是导演和编剧熬夜到第二天早上五六点创作出来的剧本，我们晚上就马上开始背词、排练，如果实际效果不好，我们还得再改，再排。

薛松老师的朋友圈记录全体剧组排练期间的苦与乐

作为男主角，我的台词是最多的，也是最难记的，而且直到演出前三天，我的台词还在不断地修改，我只能服从导演的安排，一遍一遍地过着台词。演过话剧的朋友们都知道，背下了台词不等于在台上能够熟练准确地说出台词。为了熟悉每天都不一样的台词，我想尽一切办法练习，

在到教室的路上，我嘴里在念叨着台词；课间找个没有人的地方，一边揣摩着人物动作，一边说着台词。真所谓“行也台词，坐也台词”。

20 多天，每天都是如此，为了共同的目标，为了完成团委的重托，为了献礼五四运动 100 周年，不管是导演，还是演员，我们都选择坚持到底。

薛松老师排练期间在深夜发的一条朋友圈

易宏宇老师为全体演员开展表演指导

戏里戏外，一个团队在疲惫中的坚持似乎重叠在了一起。

戏外，我和剧组的同学从各个学院的陌生人变成了志同道合的好友，戏里的悲欢喜乐，戏外的嬉笑争吵，让一个个角色，一个个同学的形象鲜活起来，亲切起来。我们经常一起嬉笑着穿过凌晨两三点，空无一人的校园返回宿舍，疲惫和困意会在身边的同伴笑闹着揽过我的肩时一扫而空。这时我会想起戏里的台词，那些不同情景下的温暖会透过剧本和此时同伴们的嬉闹声叩动我的心弦，我不禁想象，我们的学长，真实的“陈远航”同学，是不是也是这样，带领着团支部的成员前往贵州山区支教的过程中，经历过争吵、迷茫、体谅、理解之后，又互相拥抱，喜极而泣呢？

我一遍又一遍揣摩着我的角色，一个当代大学生，一个共青团员，一个团支部书记，他是抱着什么样的心情加入中国共青团，又是抱着什么样的态度去担任团支部书记，又是有着怎样的决心带领团支部成员跋山涉水，“翻过两座高山、两条大河，乘坐火车、大巴、牛车”前往贵州山区支教的呢？这期间又是怎么样成功化解支教团成员的矛盾的呢？直到现在，我也没有想得很清楚，但我唯一知道的是，普通和伟大体现在同一个人身上并不矛盾，“陈远航”是这样的人，千千万万的共青团员也是这样的人。

理解一个人的过程是那样漫长又艰难的，但读懂一个角色的内心世界又是那样令人神往。我在惊讶于人与人之间的不同时，望见同样的爱与善意，也逐渐学着将心比心，更加包容多样与不同。

高尔基说“文学即人学”，其实世上的所有艺术都大抵如此，我们在争吵后拥抱谅解，在复杂中看到纯粹。

三、成败有时，勠力同心再从头

“男主人公的形象不够严肃认真”，“剧情逻辑有硬伤”，“男主人公的表演太油了”……审核完成之后，导演把审核老师的意见传达给了我们。导演说完之后，现场一片沉默，我心中五味杂陈，不知道说什么好。十几天的辛苦努力，换来的是这样的评价和许许多多的修改意见，而且大部分都是我的问题，我真的感到十分泄气。只剩下 6 天的时间，我能感觉到在场的每个人身上溢出的焦虑和紧张。

薛老师好像看出了我的想法，拍了拍我的肩膀：“不是你的问题，是剧本的问题。”我看了看他，叹了口气：“只剩 6 天了，要改的话怎么办？”但是我们都知道，这个时候再叹气也没有用，再焦虑也没有用，我们只有行动起来，按照要求进行修改，这是我们唯一的办法。

导演们十分冷静，彻夜商量着剧本，我和小伙伴们面对着 6 天后要演出的现实，尽管焦虑，也坚持不让这种情绪影响自己，影响别人。因为有超过一半的剧情需要修改，加上时间紧迫，那几天我们几乎天天泡在建南大会堂，一遍又一遍地排练着。有人说自己的工作是“带月荷锄归”，我要说我们那几天是“带日荷锄归”——天快亮了我们才能回宿舍。老师们也和我们同甘共苦，团委的周林琪老师，在结束一天繁忙的工作以后，天天坚持来观看我们的排练，同时也提出了许多宝贵的意见。我的词有一大半改动了，直到演出前三天，我的词仍然在修改。因为旧版台词背得太熟练，在排练的时候我时常脱口说出以前的台词，还会把修改以后的台词和以前的台词搞混……

演出前的认真排练

磕磕绊绊，尽管还有很多不完美，我们总算熬过来了，怀着激动和紧张的心情，迎来了 5 月 5 日在建南大会堂的首演。

四、首演建南，幕后心血终不负

“我志愿加入中国共产党，拥护党的纲领，遵守党的章程，履行党员义务……”这是 2019 年 5 月 5 日《我的青春我的团》在厦门大学建南大会堂首演的最后一幕。

我永远不会忘记那一天，我也永远不会忘记那一幕。

在念完最后一句台词的时候，脑袋终于有余地思考的时候，我突然意识到，我做到了。

舞台上的我，再也没有紧张，再也没有刻意的表演，我感觉我所有的台词，所有的动作，真真正正内化成了我自己的想法，我自己的行动。

现场剧照：风雨营救

戏中的“陈远航”和团支部的同学们克服重重困难，给贵州山区的孩子们带去知识，带去爱和希望；而戏外的我，在学着用语言、动作去诠释新一代青年人的担当，用艺术去传递爱与希望。

是在那时我才逐渐意识到，“共青团员”是个如何庄重的称谓。我还记得，演出结束之后，大家一起收拾道具。我看到有一个同学把共青团团旗揉成一团，直接塞进了箱子里，我下意识喊道：“天豪，不能这样！”，然后立马冲上前去，一边嘟囔着“应该要这样……”一边认真仔细地叠好团旗，把它整整齐齐地塞进了箱子里。易宏宇老师对我笑道：“不错啊，思想觉悟很高啊！”我恍然不知戏里戏外，只茫然想：以前的我，可是不会这样的啊！

从以前那个焦虑迷茫的大学生，到找到自己人生方向的当代青年；从

现场剧照：支教团全体成员演唱《团在我心中》[①]

思想政治觉悟不高，到真正体会到作为一名中国共青团员的意义；从不懂得理解他人，到设身处地为他人着想，《我的青春我的团》的演出虽然结束了，但是它带给我的东西，将会成为我一生最珍贵的宝物。

我再说一个收获吧，那就是，我还在剧组收获了我的爱情。我遇到了我的女朋友，一个温柔可爱，美丽优雅的女孩，在我最迷茫的时候给了我爱和温暖的女孩。我们的三观契合，目标一致，这也是《我的青春我的团》和校团委给我的一个额外的礼物吧！

那次的演出非常成功，《我的青春我的团》广受好评，并被中青网、中国共青团网、厦门大学新闻网争相报道。我有一位朋友看完表演之后，对我说："太感动了，我都哭了。"厦门歌舞剧院的院长也来到了现场，看完演出之后对我们的李鑫导演说："虽然是非专业的演员，但我感

① 改编自音乐剧《伊丽莎白》中的著名歌曲"Ich gehör nur mir"(中文译名《我属于我自己》)

演出结束之后剧组全体成员在建南大会堂的合照

著名话剧导演、本剧艺术顾问、中央戏剧学院教授陈子度老师在表演结束后和我们亲切交谈

受到了他们的真情实感。”

在这些好评中，我想：能够通过这部音乐话剧，把“陈远航”“夏晴”“张凯”“方婷婷”“小涛”“天豪”“严峻”“孙磊”们的故事讲给大家，让大家受到感染，哪里是观众的幸事，分明是我们全体剧组的幸事才对。

2020 年的 2 月，在疫情肆虐华夏大地的时候，我就是抱着这样的心情写下了一首原创歌曲《最美的逆行》，期望着这首歌能够带给在一线抗疫的白衣天使们一些信心、一些感动。

只要这样的青春旋律还在我的心底，我和厦门大学的文艺故事，就还将继续。

风流如你称厦大

◎ 罗戈锐　厦门大学国际新闻专业 1993 级本科生

◎人物简介：

罗戈锐，厦门大学国际新闻专业 1993 级本科生，现就职于福建广播影视集团，文化推广人，资深媒体人，独立撰稿人，策划人。1998 年厦门大学国际新闻专业毕业，进入福建省电视台至今。福建广电集团大型文化节气系列《六十四时空》专栏主笔，《福州赋》《三坊七巷赋》《酒赋》《寻味福州》系列作者，电视地产专栏《置业广场》《家住福州》《都市房产》《福建文旅报道》创办者，曾负责正祥、汇诚、天福、景城、武夷等地产公司策划及销售。

几年前，为母校厦大校庆提笔时，我曾写下这样一段文字：

有一些情结，你很难下笔，就如同我那个叫厦大的母校。五年的大学生涯与光阴，在离开了近二十年之后，我无数次提笔，都难以开场，只在人到中年回归母校，于上弦场留下一首阕词：

烛影摇红・风流都付鬓边愁

白鹭孤飞，学园落寞长空远，晚钟依约水云怜，海角天涯返。冷月凝霜灯缓，上弦乐，孤烟不恋。群贤如故，建南低语，白城梦浅。

倦鸟投林，归人听任寒冰伴，风流都付鬓边愁，一曲飘零短。红袖别离泪眼，念青衣，少年终散。三家村里，东边社下，韶华曾暖。

或许积累了太多的记忆，一层层叠起之后，厚重得不知从哪一层剥起，诗词歌赋也好，烟酒球牌也罢，每每动笔，总觉得都是“为赋新愁强作词”。

转眼之间，那个南国海边的母校已度过了近百个年头了。整整一个世纪的韶华里，这座年年凤凰花开落的校园里，不知消逝了多少物是人非、繁华旧梦。隐在其中的那五年，于厦大而言，或只是长长的水墨画卷里，轻轻淡淡的短短一笔，于我而言，却是如书人生中，沉沉厚厚的一篇。

许多年来，总会碰上不少人，皆引母校为知己，然细谈之下，无非为母校冠上“美丽”“浪漫”“温柔”等词，又或者自称在芙蓉湖牵过手、情人谷幽过会、上弦场拍过拖。几年前的一次聚会，饮酒行令时，一群有些文化的友人聊起国内一些高校，大家让我给母校下个定义，我认认真真地回道：“我总觉得厦大自有一份风流，它总能风流出万般之意趣，风流到极致之处，你便能见那隐没于内心深处的疏野与寂寞，那些看似不经意间的从容自如，轻轻淡淡间，亦是满满之风流。”

风流如我称厦大，有时，常会记起大学临毕业时，平常不胜酒力的师妹在离别聚餐时，执意和一位兄弟满饮一杯近半斤的二锅头，饮罢，两人皆醉。次日，兄弟醒来，只见短信中有一留言：桃李春风一杯酒，江湖夜雨十年灯。相知何必曾相恋，临别时，将那满心的欢喜化为一杯酒，却喝出了比“江湖夜雨十年灯”更延绵不绝的情谊，这“桃李春风一杯酒”的貌似轻浮，却是蕴藏了怎样的风流！

也会记起那一次同系师兄弟闲聊，说起母校许多才貌双全之女生，纷纷痴恋那流浪歌手、落魄文青，更有不少终被无情弃。满座的惋惜和不解中，一位学究兄弟缓缓吟出韦端己的小词：

思帝乡

春日游。杏花吹满头。陌上谁家年少,足风流。妾拟将身嫁与,一生休。纵被无情弃,不能羞。

彼时,一语惊醒梦中人,瞬间想起那句:谁人知会此意,登高台。

风流如我称厦大,痴人儿足解风流,在这里,你若风流,便得有“拼尽一生休,尽君一日欢”之礼遇,若无上等之风流,谋到至处,最多也只得些许猥琐记忆,终是遍体鳞伤而出。

风流如我称厦大,当然是美丽、温柔、浪漫的,但这样的绝世之美,亦非俗人所能尽见。我常以为,厦大之美,在眉目肌肤之间时,犹如在芙蓉湖边,凤凰花初绽时,那对满心欢喜却从未相恋的人儿痴问:相思相见知何日,此时此刻难为情;在风骨灵秀深处,则似日出于白城海滩潮落之时,一位柔弱女生饮尽烈酒后,幽幽而出:相逢意气为君饮,不负百年风雨情;而当在上弦场的霜冷冬夜里,一群风流少年吟出“为天地立心,为生民请命,为往圣继绝学,为万世开太平”之情怀时,在那轮暖于天心的圆月下,二八少年便已梦入了母校的神韵……

也常想起1993年刚进厦大时,一群新生们到曾厝垵的海边沙滩聚会烧烤,一旁恰巧有一群厦门本地人也在烧烤聚会。海风中,他们喝着冰啤酒,操着闽南话,猜着闽南拳,感觉上,似是一群素质不高的土著人在自家的地盘自由撒欢。但结束时的一幕,却令我们这些自诩为天之骄子的大学生们汗颜,这群看似粗鲁的鹭岛人在酒足饭饱后,于那个没有任何约束和管理的年代,却认认真真地将他们烧烤和吃喝的残留统统打包,放入汽车的后备箱,而后才安心离去。我们在欢聚之后,也第一次,一个个自觉收拾好,方才离开。同样在厦大,初夏的一夜,在厦大校门口和南普陀之间的夜宵排档喝酒，不知不觉喝到了凌晨，突然看见到南普陀进香的几位老太太，走到了1路车公交站台边，拿起扫把，将前夜有人喝多后的呕吐物仔细地扫入垃圾桶，然后才慢慢地踱步入寺礼佛。彼时，见那些老太太们戴圆履方，于月光之下，缁衣如水，鹭岛如水，时光如水，就这样，荡漾了我的眉间，印在了我的心上。风流如你称厦大，不仅只是一校之风，更是一城之风。

如同南国孤岛的悠悠海风，凤凰开落的从容转换，隐于此间之风流，大方、澄澈、冲淡、干净、简单、明了。风流至处，此校便痴，痴人便多。

若论痴人，首推校主。作为一名厦大人，我始终认为，母校最足以自豪的便是，我们拥有着一座独一无二的丰碑，一座无论时代如何变迁，在此间，任何帝王、朝代、制度、主义都无法超越的丰碑。“痴人说梦”如校主，说着说着，便拼尽一切，将亿万家财、毕生事业转换成了桃李春风，将自己梦进了千万人心，梦进了千古风流……

也因校主之痴人风流吧，从母校毕业几十年来，我从来不慕任何高校之强之大，于我内心而言，母校之美，怎是那名利之盛、眉目之清、肌肤之白所能论，其骨之秀、其韵之深、其神之远，常令我魂牵梦萦在那南强楼底长长的回廊，倦鸟投林在那清水墙头动人的琉璃瓦顶。

同是厦大人，共为幸运儿，我比许多人更为有幸的是：我读了最后一届新闻系的五年制，我住在了最为中心的芙蓉四。芙蓉四的楼下便是厦大的核心要冲：三家村。每天在二楼看着一段段青春故事此起彼伏、交织如书，楼下时时有风景，楼上酒牌皆韵事。彼时，大多数的银两都扔在了楼后的东边社和一条街的川菜馆，酒喝得多了，偶尔赊账也是常情。记得还有哥们，故意欠久了，让那个长得微甜、貌似叫燕子的东边社女服务员，到宿舍里来要账，要账时，正好在下四国，顺带空炸了对手的司令，一时引为佳话。

阔绰时，偶尔也会到南岛渔村、港都夜、云梦、滚石酒吧挥霍青春，感受一下“千金散尽还复来”的快意，只是酒中的记忆深处却还是那两地：一处在白城门口海边菜市场，清冷孤独的宵夜面摊，是一对夫妻经营的面摊，白天是菜市场的一个铺位，晚上变身招待学生的面摊，许多年来的夜晚，菜市场就这一个面摊，那么纯粹与安静，那彼时一碗面的记忆，是厦门市井基调在青春记忆里，不知不觉间种下的一颗种子，让我一直以来都认为，正是那中年夫妻热气腾腾的小面，喝上那寒风里冰凉的啤酒，让我的青春岁月永持温度；还有那个开在一条街尽头的川菜馆，忘了名字，只记得老板夫妻是一对来自成都、到厦门打工创业的大学同学，到那喝酒，似乎总能看到一点自己未来的模样，老板姓别，巧合的是，清秀的老板娘似乎也叫燕子。

那时候的厦大，新闻系的老师们常抽的烟多是沉香、金桥，学生们能抽上骆驼、555 已是奢侈。 有一段时间，新闻学子们却是中华不离口。某次同财金系篮球赛，同宿舍的学弟被财金系的高中校友要烟，怯生生地回道：“不好意思，只有中华了。”其校友一时目瞪口呆，片刻之后，学弟方才反应过来，非新闻系之人，怎知其手中之烟乃云霄制造。

新闻之学子，有烟有酒亦有诗，所读专业为国际新闻，有幸相逢二十同窗更是才情满溢，对诗饮酒，看词下菜也是常有之事。 最忆那个远在加拿大的兄弟，酒后调侃广视班年纪最长的朱姓老大所作一联：美人浇浇美人蕉，猪（朱）大尝尝猪大肠；犹喜那才情满满之女生，用元曲小调中的那句话倒夸无识大男人：你素魄儿十分魅，慧心儿百和香，更压着魏紫姚黄。（这牡丹之花被尊为花中之王，而古人则谓魏紫姚黄两色牡丹为王中之冠。）

也还依稀记得在半山坡上，系楼陈伯小锅里方便面的气味中，几个女生两眼泪奔于紫菱、绿萍的一帘幽梦里；也曾在建南晚钟声里，悠悠然骑着山地车，到惜夕湾、林家鸭庄、温莎堡一改风味；女生太多，导致我们1993级新闻的男生在歌厅唱歌时，似乎永远只是梁朝伟的那一首《为情所困》；对我而言，五年厦大，终是遗恨没能踏进石井之门，哪怕无数次抵达门前，哪怕比许多人多读了一年。

那时候，厦大的男生宿舍叫芙蓉，女生宿舍叫石井，或者，校主是希望厦大的男生们能在芙蓉的柔情中寻得温柔，女生们能在石井的冷寂里觅得坚毅。自古帝王非英豪，英豪坦荡却温柔，如那楚歌中的霸王；自古红颜多薄命，红颜多情却决绝，如那军帐里的虞姬。风流如你称厦大，不问江山，不知帝王，但在痴人间，守得情义，留得念想，在那佳人红粉、怒马鲜衣、刀光剑影的江湖里，吹笛到天明，真也是一份怎样的大度风流……

母校有八字校训：自强不息，止于至善。自强不息，来自《周易》的乾卦：天行健，君子以自强不息；止于至善，来自《大学》：大学之道，在明明德，在亲民，在止于至善。读书时，曾有师长说，前四字是校主陈嘉庚所定，后四字是校长林文庆先生所加。在厦大当了十八年校长的林文庆，曾是新加坡名医、侨领，也和校主一般，他将自己的余生和家业都奉献给了南方之强。同许多在厦大如蜻蜓点水般匆匆而过的名人相比，对厦大来说，热爱传统文化的林校长或许是真正的一往情深。

想起福建987广播的《寻味城市》栏目曾约我一起聊厦大，彼时，人到中年，蓦然回首间，突然发现所有当年激扬于母校的年少轻狂、热情洋溢、无畏无惧，都在鬓边白发里，化为了柔情湾流，宽容河海，仿佛就在一瞬之间，冰化为水，云散为烟，略带苍凉的心底，在南强钟声的回响里，一下豁然领悟了“自强不息，止于至善”这八个字。于是，为赋一曲，以慰那一份，我尊之敬之、梦之恋之的厦大情结：

南强赋

——罗戈锐

大学之道，南强守拙，自强不息，止于至善；宽柔以教，不报无道，和而不同，历久弥坚。

时辛酉鸡年，恰清明流光，倚山之盘桓，揽海之波澜，启南强之文传，开八闽之学先。

定鼎南强者，校主嘉庚也。倾侨领之全器，维桑与梓而兴教，虽百年更犹新，纵万世亦不陈。拳拳赤子，厚德诚意，校主其先，光前其后，引南强诸君，不忘初心，砥砺前行，开枝散叶，育木成林：

文庆笃行，十八载儒训高悬，古风绵延，纵文化更新犹抱真；本栋勤业，三千日汀州俯首，乱世从容，虽国校破危愈耕耘；亚南若谷，五二年院校巨变，坚韧屈伸，存南强之火种再逢春；崇实敬贤，新世纪因风徐履，明德至治，咏包容之气度自惟馨。

甲子鼠年，三百英才，奔驰沪上，再创学堂，名定大夏，是为华师之前身；戊辰初秋，教务主任，化学才俊，树杞刘君，珞珈山下，引源武大之初心。东南电机、同济土建、河海水利、浙大工学、南大外语、山大物理，南强风骨荡余音；中国海洋、华东政法、北京航空、上海财经、福师文学、大连海事，鹭江血脉淌魂灵。卢公嘉锡，蕴理工之精华，沐福大以厚茵；国之号召，尽全校之余力，度内蒙以金针。

吁嗟乎，南强风骨者，衿带中流，气般人伦，若凤之独栖梧桐，似鹿之死不择荫。观天际之云，而识风雷之巡；审堂下之阴，而知日月之行。处山海之间，怀庙堂之经纶；居轩冕之中，若清流之无痕。

鲁迅像前，月光如水，仍照缁衣；语堂文里，白云满谷，时飞妙思。染指哥德巴赫，景润执着似痴；纵论百家讲坛，中天挥洒如诗。一身傲骨，傅鹰淡拒陈立夫，远时政而求真知；几曲乡愁，光中满怀故里情，吟心声而游子归。映雪室内，仰先生高古，一袭长袍，方瘦矍铄，岿然如山，行为表仪；囊萤楼前，聚学子莘莘，二八少年，骨气傲立，往圣绝学，承续不息。

普陀暮鼓里，听心性无波涛，放眼看皆青山绿水；白城海风中，闻生灵有化育，举目望都鱼跃鸢飞。曲径湖烟，凤凰依约，奇观岂在一季？礼堂静穆，晚钟悠远，清赏更在四时。长空落寞，石井山上，琉璃瓦顶觅旖旎；白鹭孤飞，芙蓉楼里，清水墙头寻坚毅。五老峰冷月凝霜，情人谷醉梦重回；胡里山夕阳残照，上弦场独饮幽思。三家村里，争寸阴而弃珠玉，红袖泪眼别离；东边社下，辩明道而轻名利，青衣壮怀曾寄。

叹此间，人皆杰，地亦灵，韶华长，天地远。九州之大，四海之内，独蕴风流，起舞翩跹。升降如仪，音吐鸿渐，百岁犹新，一曲还暖！

厦大，我最美好的青春，都与你有关

◎ 廖雪钰　厦门大学法学院 2016 级本科生

◎人物简介：

廖雪钰，厦门大学法学院 2016 级本科生，保送至复旦大学法学院国际法专业。在校期间获 2017—2018 学年、2018—2019 学年国家奖学金，2019 年度厦门大学“亚南奖学金”及其他若干校、院级奖学金。获 2017—2018 学年、2018—2019 学年优秀三好学生称号及优秀学生骨干、学生工作积极分子等荣誉称号。获 2018 年度福建省高校模拟法庭辩论赛冠军，代表厦门大学参与 William C. Vis 国际商事仲裁辩论赛等各级模拟法庭竞赛。

雨果说，“谁虚度了年华，青春就将褪色”，我们的校训“自强不息，止于至善”也在百年间激励着无数学子发奋图强，追求卓越。在战火纷飞的年代，厦大学子英勇地捍卫理想与操守，而在如今的和平时代，我们亦应当不忘初心，拼搏奋进，成就青春最灿烂的模样——在厦大，我也写下了自己充实而满载收获的南强故事。

一、从“浪漫的外文人”到“有温度的法律人”

2015 年夏天，我收到了来自厦门大学的录取通知书，彼时我的录取院系是外文学院法语系，我也以相当不错的成绩完成了第一学年法语的学习，直到我做出了一个不寻常的抉择——转专业。

苏格拉底在两千多年前就提出了经典的哲学命题——“认识你自己”。其实，在法语系的一学年，我在完成课业之余，也在不断地思考着“自己是谁”这个问题。仍记得高考录取结果出炉时，朋友们羡慕地说，“法语是世界上最美丽的语言，能学法语真好”。法语的确浪漫又优美，学习法语的过程也趣味盎然，我在法语系亦收获了诸多宝贵的回忆。然而，我感受到了来自另一伟大学科的呼唤。

大一第二学期，我参加了法学院主办的跨学科论坛，听着台上几位教授就社会议题展开的激烈讨论，我意识到，原来一个规范的制定需要进行如此复杂的价值考量、利益权衡，而跟随着一同思考的我也体验到了前所未有的思辨的乐趣。同时，我也感受到了自己对进一步深入学习法学的渴望，于是我毅然决然地抓住学校提供的转专业机会，通过笔试与面试的选拔，来到了美丽幽静的鹰园——厦门大学法学院。

二、徜徉法海，学在鹰园

法学学子的身份来之不易，因而我也更加珍惜在法学院度过的每时每刻。法学院为同学们开设了丰富多样的法学课程——从理论课到实务课、从学科基础课到前沿选修课，在这里，每位学子都能获得最全面的教育。在每一堂课、每一次向师长的请教、每一次与同学的探讨中，我都能感受到学习的愉悦，因此也更加确信，来到法学院是正确的选择。

我国著名教育学家梅贻琦曾言：“所谓大学者，非谓有大楼之谓也，有大师之谓也。”厦法不仅大师云集，拥有陈安教授等中国国际经济法学的奠基者，更宝贵的是，无论资深教授或青年讲师，每位老师对待教学工作都十分认真，他们充满热情地传授每一堂课，课后耐心解答同学们的每一个问题，帮助同学们解决学业规划的困惑。无论工作多繁忙也要抽出时间为本科生上课的李兰英老师，研究罗马法数十载、翻烂好几本《法学阶梯》的徐国栋老师，坚持为同学们的每篇论文撰写反馈的杨帆老师，来信鼓励我继续从事学术研究道路的周赟老师，在假期里专门来到学校为我升学提供推荐信的徐崇利老师……老师们个性迥异，但不变的是对教学的尊重与对学生的关怀。老师们对待科研工作亦是刻苦的，在学院自习到深夜时，向窗外看去，总有些办公室的灯光依然明亮，是治学路上的陪伴，更是以身作则的勉励。有“大师”，亦有“良师”，学子之幸、大学之幸也！

厦大的国际法学是国家重点学科，国际经济法学研究实力与师资力量都位居全国高校前列，在浓厚的国际法学习氛围中，我选修了国际税法、国际金融法等多门相关课程，并在课余参与了国际投资仲裁、国际商事仲裁模拟法庭辩论赛，在此过程中，我也明确了继续深造的方向，并以位列前茅的成绩被推免到了复旦大学法学院，继续从事国际经济法方向的研究学习。

三、有限青春无限诗

在保证学业成绩的基础上，我不愿身上只带着“学霸”的标签，而是把握住每个机会，珍惜学院与学校提供的资源与平台，努力将自己的大学时光过得多元、立体、充实——在本科生学生会，我完成了整整三年的学生工作。从最初的宣传部到最后的主席团，从一开始的策划、撰写与编辑推送到协同完成学院的科研项目管理工作，这段贯穿我几乎整个本科生涯的经历不仅帮助我树立了细致严谨的工作态度，更为我带来了一种宝贵的归属感，在其中认识的许多伙伴，都成了能够彼此倾吐心声、相互鼓励前行的密友。学生工作也满足了我一部分的“强迫症”性格，我从小就是一个重视细节、追求尽善尽美的人，在最初于宣传部任职时，有时一篇微信推送的版面我会反复调整五六遍，直到它达到我心目中“整洁美观”的标准才会推出；而后当选为学生会副主席，我依旧延续着一以贯之的“强迫症”习惯，在协助学院行政老师收集科创信息时，我也一定要将各类文件有序归纳汇总后才予以提交，我想也正因此，才让我收获优秀学生宣传骨干、学生工作积极分子以及优秀学生骨干等来自学院的认可。

从大二起，我先后加入了中文模拟法庭辩论队与国际法辩论队，前者涉及的赛事有“理律杯”全国高校模拟法庭辩论赛与福建省高校模拟法庭辩论赛，后者包括清华大学举办的国际投资仲裁模拟法庭辩论赛以及来自数十个国家的数百所高校同台竞技的 William C. Vis 国际商事仲裁辩论赛。备赛的过程并不轻松，我们需要在浩如烟海的资料中挑选出能够支撑我方观点的论据，也需要就这些零散的论据重构出逻辑自洽的框架，并就赛题中不利于本方的案件事实做出适当的回应。动辄数千页的资料、无数次激烈的讨论、反反复复修改的书状……在同一间讨论室，我和队友们见证学院从白日的人来人往到午夜的更深寂静，再到第二天的晨光熹微；奔赴远方比赛，在福州、广州、上海、北京、香港的酒店，我们常挤在一间小小的房间里，床上、地上都放满了稿件与资料；赢了比赛，我们分享胜利的喜悦，即使是失败，我们也总是相互鼓励，然后一同总结经验与教训。

对我而言，竞赛远不止是竞赛，它是从象牙塔开向实务界的一扇窗户，透过它，我收获了课堂上难以训练到的法律研究、文书写作、团队协作、口头表达以及时间与压力管理能力——我学会运用多种渠道搜集法学资源与文献，学会了如何写出更为条理清晰的文章，而这些能力也反哺了我的学术表现，在以论文为考核形式的课程中，我往往能收获老师相当不错的评价；在小组作业和课堂展示中，我通过竞赛训练出的合作意识与强化的口头表达能力亦帮助我大展拳脚；长期协调备赛训练与自身学业，也让我学会更高效地利用时间、抵抗压力，在紧张而有限的时间中出色地完成各项学习与工作任务。

“思源计划”是我大学生活中另一笔宝贵的回忆——这个项目是由清华大学在硅谷创业的几位校友与杰出爱国华人企业家朱伟人先生共同倡议创办的优秀学生培养计划，已在清华大学开展十余年之久。目前已在清华大学、中国人民大学、吉林大学、复旦大学、厦门大学和中山大学六所高校开展，形成了以“本土情怀”“中国力量”“国际视野”为核心的三年培养体系，在拔尖创新人才培养方面进行了有益的探索。在经过重重选拔加入“思源计划”后，我们于 2017 年暑期远赴宁夏回族自治区固原市隆德县进行支教、调研，短暂的两周却让我们与当地的孩子们结下了深厚的情谊，临行时不少孩子哭红了眼睛，他们对我们说，一定努力学习，希望将来也能来到美丽的厦大，成为我们的学弟学妹；2018 年，我们到新一线城市成都、重庆，走访众多互联网企业与初创公司后，我们深切感受到古老中华在新时代迸发出的强劲生命力——这是一股创新之力与拼搏之力。在长安汽车总部，负责人自豪地向我们展示正在火热开发的无人驾驶系统，让我们认识到，昂扬的斗志、拼搏的精神、创新的意识、专业的能力，正是这些品质，造就了我们如今活力四射的时代；在“思源”最后一年的暑期实践，我们走出国门，到新加坡和马来西亚，参访了马来西亚国会、新加坡最高法院，了解不同国家的体制与规划，让我们对世界的格局有了更深刻的认知。“思源计划”引领我深入地认识社会、认识世界，从乡土社会到现代都市，再到异域风土，我意识到自己作为一名受助者，更应该自立自强，担负起对社会、对时代的责任，正如“思源”一以贯之的价值理念——受助、自助、助人。

四、我的青春，是厦园里的一簇凤凰花

“凤凰花开两季，一季迎新，一季送老”——这是所有厦大学子都耳熟能详的一句话。厦大校园里处处可见凤凰木，每年 6 月与 9 月，都会从苍翠欲滴的枝头吐出火红明艳的花朵，就像校园中的学子，正处在生命中最美丽的时候，光明、炽热、充满希望。每次在校园里遇见花开，我都成长了一些，这些花朵是时光的刻度，也是我青春的刻度。回首本科的时光，那些汲取的知识、获得的成绩、至亲的朋友、遇到的良师、可贵的机遇——所有成长的故事，都发生在这座美丽的校园。我最美丽的青春，都与南强有关。

我的厦大研究生时光，“气”场满满

——忆读研时的那些小事

◎ 柯常达　厦门大学公共政策研究院2014级硕士研究生

◎人物简介：

柯常达，厦门大学公共政策研究院公共政策专业2014级硕士，厦门大学优秀毕业生。曾担任公共事务学院（公共政策研究院）研究生团总支书记，荣获2015年度厦门大学优秀团总支书记称号、厦门大学优秀学生干部称号、厦门大学公共事务学院优秀共产党员称号。2014年11月至2015年11月，在厦门市思明区金祥社区参加“大学生团支部书记挂职思明区社区主官助理”项目，考核优秀。现为福建省厦门第二中学（厦门大学附属第二中学）政治组教师，年段长，办公室主任助理，曾担任首届厦大人文创新实验班班主任。

毕业一晃两年多，穿上硕士服的那一刻仿佛还在昨天。曾经我们都以为离毕业还很遥远，可当我们还沉浸在美好的校园时光里，毕业典礼已悄然来临。终于，我们都收拾行囊，各奔前程。回望研究生三年，一件件“小”事浮上心头，无比感慨，那时有跌倒绊足，亦有戮力前行，虽然忙碌辛苦，终归“气”场满满。

一、勇气：拜师学艺

初到厦大有那么几分羞涩怯懦。如果要说读研的第一等大事是什么，那么拜师便是重中之重。作为公共管理专业的学子，选择来厦大深造，或多或少都带着对国内公共管理学界泰斗级的人物——陈振明教授的仰慕和青睐。而想要成为陈老师的弟子，我心里总有些底气不足，对于自己能不能达到陈老师的要求实在心中无数。

第一次鼓起勇气敲开陈老师办公室的门是在刚入学不久的时候，当时陈老师正在忙。我递上简历并表明来意，陈老师简要看了一下，跟我说：“这是双向选择的过程，到时再说。”我点点头，跟老师告别。我心中明白，自己的材料确实不够硬，没能让老师一眼相中，不过我安慰自己，陈老师也没有拒绝我，说明自己还是有机会的，要勇于去争取！

研一第一学期，除了参与点学生工作之外，我的生活仿佛回到了高三，图书馆、教室、寝室三点一线。每个晚上伴随着图书馆的闭馆铃声，骑着自行车奔过芙蓉隧道，很忙很累但很充实。后来，第一学期结束时，我的成绩就来到了专业前三，在陈老师的专业课上我也拿到了第一。

寒假前夕，我再次敲开陈老师办公室的门，又一次表达了跟着老师做研究的心愿；陈老师点点头，虽然没有立即应允，但我内心瞬间充满了希望。研一第二学期正式选择导师的时候，我在三个志愿上都填了陈老师的名字。我想，既要有勇气选择梦想，亦要有勇气面对失败！

后来，我成了陈老师的学生！

二、心气：科研论文

发表论文非但没有稿费，甚至要价格不菲的版面费，这在当前的教育界屡见不鲜，而作为一名小小硕士，我同样不得不面对这样的现实。但是，我认为，如果是用心调研、潜心写作、数易其稿而形成的文章，那么再花钱刊发，就显得特别对不起自己的劳动成果和精神付出。

由于完成平时的课程论文我都是秉持精益求精、绝不含糊的态度，再加上后期的研讨修改，我对自己的文章还是有信心的。但是慢慢地我发现，投出去的文章要么石沉大海，要么就需要支付高额版面费，我果断拒绝。我暗地里给自己鼓气，绝不走捷径，一定要通过自己的努力修改发表。然而这个过程的艰难程度可想而知。

一次的拒稿，两次的失败，三次的跌倒，信心便轻易地在无助中绝望，在绝望中崩溃，在崩溃中懈怠，支撑自己的只剩下一点点心气!

终于，某天中午还趴在图书馆桌上睡意朦胧的我，突然接到了一通电话："请问是柯常达吗，麻烦把你投稿的文章按要求再做一下修改，尽快发回编辑部!""这是可以发表了吗?"我有点手足无措，甚至语噎。"嗯，差不多。"我赶紧把要求再确认了一遍。挂了电话，我激动的心情久久难以平复……

后来，有一必有二，有二必有三……我更加坚信，坚持付出必有回报!

三、地气：社会实践

我所学的专业属于社会科学，很多科研工作的进行都离不开社会调查；同时，怕成为一名"书呆子"的我，在不断被告诫要理论联系实际的情况下，带着一点回馈社会的初心，也参与了不少志愿服务工作。而这些都让我在实践过程中接地气、拓宽见识。

在社会调查方面，我们深入社区和居民交谈，通过实地观察，发放问卷等形式，确实发现了诸多书本上没有且平时也难以觉察的情况。譬如在厦门有不少城中村，随着工业的发展，那里高楼频建，一栋栋的出租房都设有门禁，人与人之间的信任度明显下滑，入户调查也变得不那么容易；还有环境污染，垃圾随意堆放更是一个显著问题。这些都让我们体验了更直接的民生与民情。

在志愿服务方面，不管是放眼世界的第九届全球孔子学院大会，还是中国扶贫基金会“善行100”劝募活动这类公益行动；不管是促进两岸交流的海峡旅游博览会，还是致力于城市建设的厦门社会科学普及宣传活动，为这些活动提供志愿服务，我体验到了献出爱心时的欢乐，还培育了自己克服困难时的坚毅品格，更重要的是避免了一直在象牙塔里“闭门造车”的尴尬。

社会实践是中国教育体系中非常重要的一个环节，从小学到中学，从本科到研究生，都设置了社会实践的相关内容。应当说，直到读研，我才发现社会实践的重大意义，而不会像读中小学那会儿到居委会去盖个章了事，因为社会实践让自己更接地气！

四、运气：学生干部

从小学到大学，我不间断地当了十六年班长，虽然只是一个小小的学生干部，但是能够在不同阶段连续当选，可以说是非常幸运。而读研之后，我尝试去扮演不同的角色。

初到厦大公院，在获悉院研究生会要进行纳新之后，我立马报名了学术部，这是我经过深思熟虑做出的选择，因为研究生阶段的核心要务是学术，而学术部既能承担学生工作，又可以促进科研，实在是理想去处。以自己的履历，我果然进入了面试；面试过程中，我也能够顺利应对，并从师兄师姐的回应中看到了肯定。我想，入选应该不成问题。

然而，正当我认为进入学术部是水到渠成之事时，一条短信通知却给了我当头棒喝：我被调剂到了团总支的组织部。一向认定了一件事就拉不回来的我陷入了徘徊，去不成学术部，还去不去组织部呢？师兄等着我的明确回复。经过慎重考虑，我决定去组织部，因为这同样是一个机会，只要我以勤恳认真负责的态度去完成自己的工作，我同样可以发光发热。

在组织部当干事的一年，我接触了很多以往当班长时没有的工作；我一边学习一边努力工作，逐渐发现这份工作所带来的收获远远超出想象。进入研二时，由于前一年的工作受到了较大肯定，我被选为新一届团总支书记。回望一开始的决定，我顿时发现当初未进学术部的失望转化成了进入组织部的运气；当然，我明白，如此的运气得益于后来坚持不懈的努力！于是，我总结告诫自己：面对不如意，要用努力将其转化成运气，让自己一如既往幸运！

五、底气：毕业求职

光阴辗转，时光飞逝，转眼就到了研三。这一年，我们自认为主要有两个“重大任务”——毕业论文和确定工作，而工作去向则会成为自己人生的重大转折，所以其重要性不言而喻。

平心而论，比起不少同学在求职时的心浮气躁、手忙脚乱，我还是比较有底气的，虽然本科时保研让我没能获得一丝半点的求职经验，但是研究生阶段在各个层面的踏实努力，还是让我对找到理想的工作充满希望。

研三的九月，各大名企就开始进行校园招聘了，带着锻炼的心态，我和班上同学陆续尝试给一些企业投递简历。然而，在面试第一家企业的时候，我的简历就被挑出了不少毛病，初次面试的紧张也让自己立即被刷掉了。但是我从一次应聘中也的确收获了很多。经过自我调整和改进，很快我就进入了厦门航空的终面，虽然最后没有被录用，但是经过几家企业的面试之后，我已经对应聘驾轻就熟了。后来，福建知名国企建发集团也向我抛出了橄榄枝。

2016 年 11 月，我参加了厦门市教育局的校招，并最终与厦门市第二中学签约。在人生关键的十字路口，我面临着太多看起来似乎更好的方向，比如去名企、考选调等，但是我最终遵从内心，选择了从事基础教育，成为一名中学教师。

应当说，我在求职季并没有碰到太大波折，以至于顺利签约显得好像只是走走过场。我想，这应该是源于努力之后，内心一点一点累积起来的信心和底气。

勇气、心气、地气、运气和底气，成为我研究生阶段的关键词，而这些关键词实际上都指向同一个词——努力；在其他同学看到我“气”场满满、十分如意之时，他们并没有觉察到发生在我身上的那些小事，那些让我内心思量、执行坚决、持之以恒的小事，正是这些小事让我的研究生时光显得“气”场满满。怀念读研时的那些小事，它们也将激励着我不懈前行！

我与经济学院

◎吴　微　厦门大学管理学院中国能源政策研究院助理教授

◎人物简介：

吴微，厦门大学应用经济学博士，管理学院中国能源政策研究院助理教授，科技部“十四五”能源技术预测专家组成员，教育部科技委能源与交通学部《中国能源与交通领域战略研究报告》、教育部哲学社会科学系列发展报告《中国能源发展报告》等研究报告撰写组成员。担任 *Energy Economics*，*Energy Policy*，*Energy* 等学术期刊匿名审稿人。目前已在《中国社会科学》、《经济学》（季刊）、*Energy Economics* 等国内外高水平学术期刊发表论文 10 多篇，其中 1 篇入选 ESI 热点论文。

正如厦门是大部分福建人最向往的城市，厦大也是大部分福建学子最为向往的高校。作为一个土生土长的福建人，我从小对厦大也是心向往之。但儿时不曾想到的是，我之后的经历能够与厦大紧密地联系在一起。我的硕士和博士学位均在厦大获得，之后又留校任教。其间与化学化工学院、经济学院和管理学院这厦大的传统三大学院都有交集，每个阶段也都有不同的体会与收获。厦大自强不息、包容并蓄的精神深深影响了我，同时厦大也给予了我很多的机会。本文主要对我博士期间的经历进行介绍。

我硕士毕业于厦大的化学化工学院，之后进入了一家世界 500 强外企。虽然工作比较稳定，并且有一定的发展机会，但是内心深处总是会有所不甘。我对经济学抱有浓厚的兴趣，只是遗憾未有机会进行系统性的学习。终于在工作两年多以后，我决心走出舒适区，报考厦大经济学院的博士。我在一开始其实并不报有太大的希望，因为理工科与经济学科还是有很大的差异，而且厦大的经济学是传统的优势学科，转换专业报考的难度较大。但没想到我能够以初试总分第二的成绩进入复试，并最终被录取。后来我也了解到经济学院的录取过程是非常公平的，以学院为单位统一招录，排除了人为因素的影响。同时录取时不论专业出身，只要符合条件，最终都是以可量化的成绩作为判定标准。这种公平的制度也贯穿于学生培养与评奖评优的每个环节。也正因为这样的机制，我才有机会在报考博士时转换专业，并在之后能够多次有机会被推荐并获评国奖和校奖。

进入经济学院后，非常幸运的是有机会系统地学习经济学的前沿课程。理工科与经济学科最大的不同在于，理工科的基础知识基本都是确定的，经过本科几年的学习后就大体能够掌握，但是读研后的细分方向非常多，更为有效的方式是根据研究方向进行文献学习。而经济学则是高度数学化的学科，本科阶段更多学习定性的知识，研究生阶段则需要了解背后严密的数学推导过程。经济学院要求大部分的研究生在入学的第一年都需要修满八门经济学的高级课程，这几门课程也被统称为“八高”。课程采用的是全英文授课，教材选用也是参考北美经济学科的常用教材，基本涵盖了经济学研究最为前沿的内容。正是“八高”的学习经历帮助我完成了对经济学研究方法的入门，并为之后的学术研究打下了基础。后来毕业找工作时与一些北美的海归博士交流，他们都惊讶于中国大陆居然有高校在研究生经济学课程设置与要求方面已经与世界一流的高校接轨，并认为这种培养方式的效果在未来会逐步体现出价值来。

学习“八高”的另外一个收获是锤炼了更强的自制力。我不太擅长于在课堂上学习，原因是我的思维节奏往往很难与老师同步。特别是硕士阶段工科的研究经历，让我对自学的方式更加适应。因此我的主要时间是在图书馆度过的。每天上午 8 点半到图书馆打卡，一直到晚上 10 点闭馆回家是常态，周末与假期也基本不中断。但是自学最大的问题是在缺乏约束的环境下，人很容易被各种干扰信息分散注意力，同时除了学习之外经济学还会有导师布置的各种工作任务需要完成。“八高”课程又具有难度大、强度高的特点，每周都会有大量的作业，而每完成一份作业都可能需要很长的时间，这对于自学是很大的挑战。因此，我不得不强迫自己不断地集中注意力，通过安排一个完整的时间段，排除各种外界信息专注地进行学习。博士二年级之后的主要任务是进行学术研究或是参与导师的科研项目，这期间的时间弹性很高。而正是由于前期自制力的提升让我能够较好地适应这种状态。

关于读博期间的经历，不得不提的就是我的恩师林伯强教授。林老师也是这几年对我影响最大的人。林老师最开始其实并不是学界中人，而是在亚洲开发银行有很长的工作经历。2006 年，他在亚行积累到可以退休的年限后，回到国内开始能源经济学的研究。由于有着丰富的业界经验，他十分注重研究是否与中国的经济现实相符。他一直向我们强调的是做研究仅仅懂得方法是不够的，而是要真正“懂能源”。师门每周都有一次论文课，由所有博士生轮流汇报自己的研究成果。对于很多人而言，论文课的汇报就是一道“鬼门关”，因为在汇报时不仅要注意学术上的规范性，还需要解释研究的结论是否与现实情况相符。如果研究存在缺陷，或是结果与现实南辕北辙，结局可能轻则挨一顿痛批，重则直接被赶下台。初入师门时，我每次汇报前一个月就要开始做准备，往往需要阅读大量的文献，并查找各种资料进行对比。几年下来，发现自己在不知不觉的积累中也能够算得上半个“专家”，在讨论能源问题时能够有比较清晰的思路。

林老师认为现阶段中国能源经济领域最需要人才的地方是高校，因此他的博士生培养目标也是进入高校任职。师门在校的博士生常年维持在20多人，但他坚持对每一个博士生都进行直接指导。他每周都会专门抽出一两天时间认真地阅读大家发给他的周汇报，并提出具体的指导意见。我曾经与他讨论过这个问题，我认为直接指导每个博士生需要花费非常多的精力，可以参考其他课题组的做法，改为由高年级博士指导低年级的方式。但林老师的回复是只有对每个学生都投入精力，才能够对大家的真实情况知根知底，培养出去的学生他才放心。当然，林老师对学生的要求也比较高，博士毕业的基本条件是“3＋3”，即需要在SCI二区或中文最优期刊发表3篇论文，另外有3篇论文在审，才能够参加答辩。这么做的理由是他认为博士论文需要多篇学术论文的工作量作为基础，同时有几篇已发表的论文就说明研究已经通过了国内外同行专家的评议，论文质量也能够得到保障。客观而言，这样的要求在人文社科领域是比较少见的，但对学生的好处也十分明显：大部分人毕业时都具备了较好的学术研究基础，能够比较容易地在高校中找到教职。说到这里不得不提一件趣事：林老师曾经给自己定下的目标是向国内外高校输送50个人才，这正好在我毕业时实现了。可能是觉得这个目标太容易实现，林老师最近又将这个目标更新为100个。

在学术上，林老师对学生的要求不可谓不严厉，但是在其他方面展现的却是大家长式的关怀。为了让学生能够没有经济压力地完成博士阶段的学习，师门所有的博士生每月都会额外获得一笔助研费。如果有学生在经济上遇到困难，林老师也总是不吝于提供帮助。每到毕业季，他也会四处帮学生打听工作机会，并将学生推荐到适合的高校。为了让学生有更多的机会参与学术交流，他每年都会利用自己的人脉邀请数十位同领域的专家来厦大做学术讲座，并组织多场学术会议。近两年随着经费逐渐宽松，让学生外出参加学术会议也成为常态。

在这样的培养方针下，我也获得了很多的机会。很多人会抱怨导师往往并不能在研究方向上给予细致的指导。但我认为作为博士生，应该要有独立进行研究的能力，而导师的作用应该是在研究的大方向上进行把握，并提供拓宽视野的机会。读博期间，我经常有机会参加各种学术会议，并参与很多政府与企业的课题项目，平均下来，每个月都会有一次出差的机会。这些经历促使我的研究更侧重于解释或解决实际的问题，在与业界交流时也更容易获得认同。

最后，我想谨以此文感谢经济学院和我的导师，他们让我在而立之年有了全新的体验和更多的选择自由。现在我也成了一名高校教师，攻读博士期间的经历会不断地驱动着我去成为一个更好的自己。

且听风吟，厦园一场青春

◎ 黄而彬　厦门大学艺术学院 2016 级本科生

◎人物简介：

黄而彬，厦门大学艺术学院 2016 级本科生，在校期间曾荣获国家奖学金、亚南奖学金（厦门大学三大奖之一）、厦航奖学金、专业一等奖学金，以及校级优秀三好学生、优秀学生干部、优秀共青团员、优秀志愿者等荣誉称号。曾参与“金砖五国峰会”以及“第二届联合国教科文组织女童和妇女教育奖颁奖仪式”文艺演出并获得表彰，后受邀参与“一带一路 · 文化共融”中国钢琴新势力盛典，与著名钢琴家郎朗同台创下吉尼斯世界纪录。2019 年以全系第一的优异成绩保送攻读研究生，并担任厦门大学兼职辅导员。

初见厦园是在盛夏，正是万物生机勃发之时，眼前尽是盎然景致，恰似木心笔下的如画诗意，晓色净明，昼午一碧无云，向晚天空十色光，满树凤凰花开，树后蝉噪不已。往后四年，我的青春便是交付于此，它给我以成长，更教会我热爱理想。米兰 · 昆德拉在《生活在别处》一书中写到：“这是一个流行离开的世界，但是，我们都不擅长告别。”此刻正值春冬之际，窗外的风伴着暖阳徐徐吹来，叫人怀念起白城沙滩上的海风，阵阵沁人心脾。如此，我便尝试着写下些许字句，记录下四年里的故事，为这场青春来一次笨拙而庄重的告别。

夜晚的建南大会堂

一、莫兰蒂，莫兰蒂

2016 年，我初来厦大，同所有刚刚结束了漫长的努力而抵达心仪大学校园的学子一般，我怀揣着满腔豪情，将此地此刻视作自己人生崭新的起点。离开了熟悉的家乡，这里的一切都让我感到新鲜不已，对此后种种未知的人生经历更是充满好奇与期待——而很快，新生活便热情回应了这种期待。

9 月 15 日，在厦门大学惬意生活了 21 天以后，我在这里迎来了 21 世纪以来的全球最强台风——“莫兰蒂”。当天，得知超强台风“莫兰蒂”将在厦门登陆，我们按照学校的叮嘱，早早预备好干粮，封好门窗，在宿舍里静待暴风雨的来临。从未经历过这般阵仗的我们，在担忧中竟也有些隐隐的兴奋。然而，当“莫兰蒂”裹挟着雷霆万钧之力席卷而来时，我们才意识到，根本不是那么回事儿……凌晨三点左右，在可怕的风声雨声中，我们真正见识到了超强台风的威力。尽管贴好了封条，窗户依然被狂啸的风雨击打出巨响，即使在几乎密闭的空间里，凛冽的风也丝毫未减寒意，在宿舍里都能感到整栋楼房在轻轻摇晃，地板和床榻的颤动真切可感，肆虐的风仿佛马上就要冲破我们事先用各种重物紧紧堵住的门。来自内陆的舍友从未见过台风，这般“大场面”着实让她吓了一跳，好在这个不眠之夜并不孤单，学校老师和辅导员们在各种群聊里与我们“嗨聊”，让我们原本紧张的情绪渐渐放松下来。

大概持续了三小时，可怕的暴风雨才渐渐平息，黑夜终于褪去，天边也微微泛起了白光。我们推开窗，有种想哭的感觉，原本窗外郁郁葱葱的一片小树林被蹂躏得面目全非，有的被拦腰截断，有的被连根拔起，看得让人心疼。在满目疮痍的校园面前，“重建我们的最美厦大”成了每一个厦大人最大的心愿，大家纷纷投入志愿行动，带着清扫工具帮助清理树叶和垃圾，清运断木和林木，从芙蓉宿舍到芙蓉湖、从芙蓉隧道到东苑餐厅，人越来越多……而最让人感动的是，在台风刚刚过境的清晨里，我们竟能在食堂吃到热气腾腾的丰盛早餐，宿舍区的水电也都正常供应——我明白，这一切看似平凡的不平凡背后，是许许多多厦大人的彻夜守护。那一刻，我深深爱上了这里。

时隔半年之后，某次上课途中偶然经过，看到有几株当初被连根拔起的树仍静静躺在原处，树旁矗立着一块纪念碑——抗击“莫兰蒂”台风记。那个瞬间，我心里动了一下，大概正如书中所说，人们缅怀过去往往是为了更好地前行，因为心中有铭记，灾难里的种种故事才成其为精神，得以代代相传——这也许就是独属于厦大的一份淳朴而真挚的人文情怀吧!

二、你好，金砖；你好，金鸡

如果要问一所好的大学究竟能够给人带来什么不一样的东西，那么对我来说便是：机会、平台与眼界。正是这所美丽的大学，在四年里带着我看见了更大更精彩的世界。

2017年7月，学院召集我们开了一场紧急会议：接到上级部署的任务，我们将参与两个月后国家高级会议“金砖五国峰会”以及第二届联合国教科文组织女童和妇女教育奖颁奖仪式的文艺演出活动。消息一出，大家都沸腾起来，夹杂着兴奋、激动与些许的紧张，我们对即将到来的这两场演出充满了期待。然而，只有两个月的筹备时间，这也就意味着我们需要牺牲掉整整一个暑假，留在学校，投入紧张的排练之中。不过，对于年轻的我们来说，比起能够登上国家舞台的机会，区区一个暑假倒也不是不能接受。

就这样，2017年的暑假，我和小伙伴们都留在了厦门，为着这两场重要的演出做准备。由于在正式会演前一切都属于保密状态，我们的入场证件每天都会更新，而一大早被接入会场以后，便只能在固定的区域活动，等待我们的上场时间。因此，在有些昏暗的后台原地待命，成了我们的日常状态。而也就是在那段时间里，我们与原本不太熟悉的学长学姐甚至是老师们都打成了一片，娴熟的“狼人杀”技术以及各种牌技，想来大概也就是那时培养出来的。为了保证演出的顺利进行，一些具备丰富舞台经验的国家级艺术家们还从首都远道而来指导我们的排练，这对于我们专业素养的提升无疑是一次难得的机会，两个月的紧张排练虽然有些辛苦，但我们确实在这一过程中受益匪浅，学到了不少东西。

转眼便是 9 月，金砖会晤的日子也真正到来了，当我们亲眼看见各国领导人纷纷入场，在台下观看我们的演出时，心中那份属于厦大人的自豪感便油然而生，在建南大会堂唱响《厦大学子之歌》的那一刻，我深深为自己是一名厦大学子而感到骄傲！

两年后，“中国金鸡百花电影节”首次落户厦门，彼时群星聚集，可谓艺术界的一大盛事，如此绝佳的机会自然不能错过。几轮面试后，我如愿成为金鸡百花电影节的一名志愿者。电影节的志愿工作门类繁多，我主要负责的是导演组的跟进与闭幕式嘉宾的引导和接待工作，除了见到许多平日里只能在影视剧里见到的艺人，还跟着电影制作人们见识到了在学校里不曾接触过的各种极为专业的音频设备。跟着导演组的日子虽然辛苦，常常需要熬夜跟进，但也收获极大，难得能见到国内许多极为出色的导演，这可是我们观摩学习的一个大好机会。

志愿活动中还结识了许多有趣的小伙伴，来自不同学院不同专业的我们，在每一个接到任务而早早出发的日子里，总有数不尽的话题来驱散困意。提笔至此，竟也十分想念那些日子，想念我们站在会馆门口，展望朝阳在海上喷薄而出的每一个黎明。

三、原来你是这样的厦大

想必许多人都有所耳闻，厦门大学除了美得让人沉醉的风景外，还有一大特点，那就是对学生的万般“宠爱”。身为一名厦大人，我对这种“宠爱”更是感触颇深。且不提舒适的住宿环境和时常会有的各种福利，单是“食”这一方面，就足以让厦大成为所谓“别人家的大学”。

一个明媚的下午，我像往常一样从石井宿舍“下山”觅食，来到芙蓉食堂门口，却不禁莞尔，只见一旁竖起了一个大大的白板，上面的红色条幅上赫然写着：“芙蓉食堂想换新菜单了，不知道加点啥，路过的同学们给点建议吧，毕竟快过年了，阿姨也想冲业绩！”旁边还附上了一根白板笔，俏皮可爱中又透露着满满真诚，让人忍俊不禁。再看横幅底下，已然有了不少回应，大多是家乡的特色美食，想必初来闽南的同学们早已想念了家乡的味道多时。思索片刻，我也带着好玩的心理，提笔写下自己的心仪菜品。

待吃完晚饭再从芙蓉食堂走出，已是傍晚天色，门口的白板前已有许多围观的同学，我走近一看，却是被白板上密密麻麻的字吓了一跳，我先前刚刚写下的“西米露”早已被淹没得难以找寻，取而代之的是各种我未曾听闻的菜名，甚至还有一些恶搞的答案（比如“阿姨”“广东人”“福建人”），总之满满当当。不知道阿姨们看到这些答案会做何感想，想必要被同学们的热情给吓一大跳啦！

第二天，白板上便贴出了告示，声称芙蓉食堂仅昨天就收到了169道菜品推荐，并根据百度为这些菜品做了粗糙的分类，在有些“奇特”的菜品后面还加上了调皮的备注：巧克力瀑布（真的假的？）、佛跳墙（我怕没人买）、清补凉（听名字，好像很冷）、蘑菇传奇（真的有这道菜？）……逗得我和朋友捧腹大笑——原来你是这样的厦大呀！

最终，芙蓉食堂精心挑选出了40道菜品供全校师生进行线上投票，于是当天的朋友圈便热闹无比，大家都十分卖力地为自己心仪的菜品拉票。三天后，最后获胜的15道菜品终于揭晓，其中，我的“西米露”赫然在列。而当我果真在芙蓉食堂里吃到美味的西米露时，作为厦大学子的满满幸福感溢于言表，这样有趣又有爱的厦门大学，怪不得大家羡慕呢！

清晨的演武场

厦园里的青春时光是说不尽的故事和回忆。吴晓波曾说，九十余年间，在这个地球上唯一生生不息的，正是野草和青年人无尽的梦想。我想，在每一个厦大学子踏上追梦之旅前，厦门大学早已将“自强不息，止于至善”的校训精神铭刻在了一代又一代的青年人心上，是这个风景如画的地方教会了我面对灾难的善良与担当，教会我把握人生精彩的可能，教我求知若渴、努力前行，并永远热爱生活。

忆往昔厦大时光

◎陈　熹　厦门大学医学院2013级本科生

◎人物简介：

陈熹，厦门大学医学院2013级临床医学专业本科生，中山大学中山眼科中心2018级眼科学博士，美国眼科和视觉眼科协会（ARVO）会员。本科于厦门大学曾获国家奖学金、文庆奖学金，综合测评专业排名1/183。参与多项课题研究，多次受邀参加国内外眼科学术会议，曾在中日韩眼科联合会议（KCJ）、视觉健康创新发展国际论坛（VC）等进行大会发言。已发表中文核心期刊论文1篇，SCI期刊论文4篇。

一百年的历史，一百年的辉煌。

在时光的流淌中，我已经离开了这令我魂牵梦绕的校园两年了，在这里，我第一次踏入神圣医学殿堂，第一次庄严宣誓并成为一名医学生，第一次我追求着我生命中动人的章节……太多的第一次。我细细地品味在校五年的时光，回味着我和厦大的故事，回忆着校园里的人事物。

2013年秋，我踏入了厦门大学医学院。此后我一直谨记医学生誓言里的每一句话，同时一直以高标准严格要求自己。“念念不忘，必有回响”，这是我一直坚守的八个字，因为我相信只要我坚持医学、坚持自己的信念，就终会等到被回应的那一天。也是这八个字，陪着我和厦大发生了许许多多的事情。

一、致力学习，术业重如山

还记得《诫子书》中这句寻常但又耐人寻味的话：“非学无以广才，非志无以成学。”所以从一进厦门大学医学院的大门开始，我就给自己做好了规划，要以医学知识的学习为主，为重。回想高中，我并不是简简单单因为对生物和化学这两门学科的喜爱而选择医学，而是对医生这个高尚与神圣职业的敬畏，从而坚定走上了这条致力于救天下人的道路，即便它不那么平坦。我一直沉浸于医学的魅力之中，痴迷地学习相关的知识。回想本科五年，已经记不清多少个夜晚，厦大陪着我昼夜不息地学习，为我提供庇护。

渐渐地我发现，在我身边像我一样热爱医学的厦大人不少。真的没有比发现有人和自己喜欢同样的东西更让人开心的了，我同样乐于和他们讨论医学。我们聊刚学的知识在临床上的应用，聊医学相关的新闻和政策，聊屠呦呦和青蒿素……我们争论癌症治疗是否存在新思路，直到吃饭的时候还在针锋相对地辩论、举例；我们讨论难以理解的知识点，互相讲解上课时没听懂的发病机制，在人体世界、细胞世界、分子世界里，携手共进。

在保证专业学习之余，我积极参加各类校级竞赛。我深知，大学生一定要懂得创新，也要学会创新，仅仅局限于书本上的知识是不够的。科研过程中，我时常看着那些疾病动物模型，多了几丝敬畏，因为它们为整个医疗事业奉献生命才有了每一个疾病研究的新突破。我知道一名合格的医生应当有扎实的专业知识、过硬的操作技能、严谨的科研素养、认真的求学态度，每一样都不可或缺。我一定会一直严格要求自己，向一名合格的，甚至是优秀的医生不断靠拢。

二、投身工作，仁心立于世

的确，学习是学生最重要的事业，但学习从来不是全部，否则整个大学生活将只被一种色调占据而失去其他颜色，显得枯燥单调。课余时间我选择学生工作和志愿活动。从大一起，我一直坚持参加学生工作。大一那学年，我阴差阳错成为宣传中心的一名干事，从此便和“宣传”二字紧紧连在一起，深深地爱上了宣传工作。仅仅接触宣传工作一个多月，我就积极参与了厦门大学团学宣传工作业务骨干培训，带领团队做了一个完整的宣传项目，用第一名证明了自己，也因此获得了“优秀学员”的称号。大二那学年，经过了本科生代表大会的残酷竞选，我成为一名学生委员，成为宣传中心主任。在这期间，我带领宣传中心团队为医学院团总支学生会诸多品牌活动进行宣传包装，推广“医学出品，必属精品”的理念。为了宣传工作，我见过翔安校区学武楼、医学院的二十四个小时，但看着整个宣传中心逐渐强大起来，倍感欣慰。而现在，我通过竞选成为新一届的学生委员，成为学院团总支书记，继续延续我的学生工作之梦。学习工作之余，我也不忘积极参与志愿服务。学校“迎新”“送旧”志愿活动，全国眼科年会、厦门海沧公园净滩志愿服务，图书馆志愿者等，在服务他人、奉献社会的同时，我也收获了很多快乐。

对于医学生或者医生而言，先有“德高”后有“艺馨”。如果硬要问我从学生工作中得到了什么帮助，那便是懂得如何换位思考，以及如何帮助他人。如何做一个贴近医学生自身的学生组织，举办医学生真正喜爱的活动，充分反映医学生的诉求，都是我们需要做的。“医者仁术”，我始终相信我能在未来坚持自己的品德，为患者服务，为他人服务，坦荡荡地立足于这个社会，不会陷入极其复杂的遍布利益博弈的迷宫之中。这些道理，也是厦大用无数个夜晚教会我的。

三、热衷实践，医国为己任

我的大学生活不全然被学习、科研和学生工作占据，实践活动也在其中占有不小的一块。从大一第一次参加“八瓣格桑花感恩于行”返校宣讲活动以来，我本科已经参加了大大小小十余项实践活动。实践活动不管大小，它的确能影响到一些人，甚至是许多人，这也是我喜爱实践活动的一个原因。由于专业的特点和对医学的关注与喜爱，实践的选题多与专业相关，比如分级诊疗、药品取消政府定价相关政策、医护工作者心理状态。我随厦门大学青马工程实践团奔赴延安前往习近平总书记曾插队过的延川县梁家河村开展入村、入户调研，发挥自身专业优势为当地村民进行血压测量、身体检查、医疗咨询等，没有太多负担，有的只是运用所学服务他人的难以言表的喜悦。当然实践选题也不单单局限于医学范畴，去泉州进行“一带一路”发展战略实施情况的调研便是一个很好的印证。

“人生很短，世界却很大。”由于实践，我一直在感受着这个世界的不同和独特。实践过程中我获得了不同人群对不同事件的认识，这也促进了我的思考，提升了我的眼界。一名医学生，专业素养要高，同时眼界要高，情商也要高。我相信，唯有具备较高情商，才能跟患者进行有效的沟通；而唯有处于一个高站位，才敢有“大医治国”的志向，才会有“悬壶济世”的自信，才能有“救天下人”的豪迈。

蓦然回首，我惊奇地发现，厦大以其百年的历史哺育着我们，以其沧桑的岁月教育着我们，这里已经成了我生命中另一个重要的地方，许多种情感在心中荡漾。现在，我正值青春，也踌躇满志，意气风发。我离开了厦大，却也深知自己离不开厦大，厦大的点点滴滴已经融进了我的骨子里。我很荣幸，厦大百年，我曾陪它走过五年。厦大教会了我前行，我也向厦大许诺，我会刻苦执着在医学道路上向前求索，努力践行为祖国医药卫生事业发展而奋斗终生的远大目标。

想着想着，脑海里徐徐传出了一些声音。这些话语伴随我在厦大医学院成长，也将陪着我继续向着未来走去：

琢玉成器，厚德成医。

仁心仁术，止于至善。

以梦为马，不负韶华

◎ 刘昭麟　厦门大学医学院 2018 级博士研究生

◎人物简介：

刘昭麟，厦门大学医学院本硕博一贯制（大医班）博士在读。本科毕业于厦门大学医学院，获临床医学学士学位。硕士毕业于厦门大学医学院眼科研究所，获眼科学硕士学位。主要从事眼表与角膜疾病诊断与发病机制的研究，在 SCI 期刊发表论文 4 篇，国内核心期刊发表论文 1 篇，获得国家发明专利 1 项，参编专著 1 本。

时光荏苒，如今已是我在厦大学习的第九个年头，从漳州到翔安，从本科到博士，不论是分外美丽的校园风景，还是多彩缤纷的校园生活，都历历在目。尤记得拿到录取通知书的激动，十年寒窗终不负；尤记得初入大学时的朝气，斗志昂扬争朝夕；尤记得进入医学院后宣誓时的热血，献身医学永无悔。我庆幸我来到了这里，有幸见证了厦大的历史沉淀，有幸见证了医学院跨越式发展、上下求索的光辉历程，也有幸见证了自己从青涩到成熟、从懵懂到坚定、从迷茫到热爱的成长足迹。

父母和亲人几乎都不是从事医疗行业的人，初接触这个专业时，我除了好奇还带着几丝胆怯。上专业课时害怕面对人体标本，上实验课时不敢接触实验动物，复杂而冗长的专业概念，繁多而精细的实验操作，对我来说都是考验。但辛勤付出的老师，认真努力的同窗伙伴，都是我一路克服困难的动力。记得第一次处死实验动物时，做了很久的心理准备，最后打电话给一位学医的挚友，他告诉我："不要害怕它生命的消逝，竭尽全力去做，因为我们是为了做一名好医生，救更多的生命。"这番话在很多时候都给了我勇气。还有第一次给同学抽血时，手刚开始抖得厉害，但老师耐心示范，不断安慰，同学也仗义地表示不怕疼，我才终于克服紧张。是这一个又一个的第一次，让我渐渐找到心中的路，找到内心的坚守，找到人生的目标。

医学生的课业相对很多其他专业是极其繁重的，当天学习的内容也需要课后自习消化，图书馆里医学专业的学生随处可见，平时尚且如此，到期末的时候，图书馆更是一座难求，早早就得去图书馆或者自习室占座位，每天早出晚归，不敢放松。记得每次到凌晨，保安大叔都要过来赶人，催促我们早点回去休息，后来学校留了一些通宵自习室，于是不少同学就在那里继续奋斗。在这段共同拼搏的岁月里，我们会互相讨论看书时疑惑不解的难点，会互相分享好的学习资料与方法，会互相做模特学习各种诊断手法。我们这些医学生都在为成为一名好医生而不断积累，孜孜不倦。

学习临床课程后进入医院见习实习，对医德医风、医患关系开始有所体会。大医精诚，习医之人不仅须"博极医源，精勤不倦"，还得有"见彼苦恼，若己有之"的感同身受。医院里的带教医生们，言传身教，不仅理论知识扎实，临床经验丰富，而且设身处地地为病人考虑，尽心尽力，令人钦佩。而我也在与病人打交道的过程中不断学习成长，许多病人因病痛苦苦呻吟，甚至在死亡边缘挣扎徘徊时，我感到心疼，也更加迫切希望能学到更多知识，积累更多经验。但是在这过程中我也不乏看见医患间的口角之争，疾病本身就是不良情绪的开关，而医院是不良情绪的汇聚地。社会的焦躁，个人因健康、经济、工作、家庭累积的压力都可能在医院环境下被触发，作为医生，尽管有时没有能力使患者痊愈，甚至可能连延缓病情也做不到，但是我们可以帮助和安慰病人，尽可能让他们从身体上、从心理上感到舒服。

在临床上的学习让我发现医学上仍有许多无能为力的疾病，有诸多难以攻克的关卡，仅靠“匠人”医师的对症治疗，医学永远无法进步，这也告诉我医学科研的重要性。自大二那年我幸运地通过医学院第一届本硕博十年制大医班的筛选，成为其中的一员后，便开始了漫漫科研学习之路，无疑也是处处有挑战。最开始接触科研时非常茫然，但学院为我们设立了科研学习相关的课程，文献阅读课训练了我们的科研思维，实验技术课则提高了我们对实验原理的认识，也增强了实验技能，这些为我的科研学习打下了良好的基础。在进入实验室后，真正跟随导师开展自己的课题，是学术渊博的导师培养我主动发现问题、解决问题的能力，导师在学术上不断追求、不怕劳累的精神深深影响着我。在我实验结果不如意，或者课题碰到瓶颈时，我常常想起导师说的，“永远不要对自己说不行和做不到，遇到一个困难，就解决一个困难，办法总比问题多。就算走到最后发现难以实现，你自己也已经收获满满”，便又充满前进的动力。作为临床医学生，希望终有一日找到自己的研究道路，能真正将科研与临床结合，通过科研工作来解决临床上的实际问题。日复一日的科研总不免枯燥，不忘初心，才能走得更长远。

一路走来虽然困难重重，但也充满欢乐，厦大带给我的不仅仅是知识，还有很多很多。运动赛场上，挥洒的汗水，奔跑的姿态，大家通力合作完成接力时的团结，每每想起仍觉得热血沸腾；交响乐团表演时，儒雅的指挥，悠扬的音乐，大家充满默契演奏一曲又一曲乐章的和谐，每每想起仍觉得身心舒缓；志愿活动时，服务的专注，付出的快乐，大家无私

奉献帮助他人时的快乐，每每想起仍觉得感动在心。

九载春秋，稍纵即逝，我将永记母院“健康所系，性命相托”的谆谆教诲，争取早日成为一名“德高艺精，仁心仁术”的合格医者，以医学生誓言中“竭尽全力除人类之病痛，助健康之完美，维护医术的圣洁和荣誉，救死扶伤，不辞艰辛，执着追求，为祖国医药卫生事业的发展和人类身心健康奋斗终生”为目标；我也将永记厦大“自强不息，止于至善”的校训，力求做一名“积极向上、永不懈怠”的合格学者，以成为一名“学而不厌，诲人不倦”的师者为己任。

我和我的解剖课

◎ 苏若为 厦门大学临床医学专业 2004 级本科生

◎人物简介：

苏若为，厦门大学临床医学专业 2004 级本科生，厦门大学附属第一医院医生，厦门大学医学院教师。曾获得 2006 年福建省高等学校优秀学生干部，2007 年厦门大学本栋奖学金，2008 年厦门大学优秀共产党员等称号，2017 年厦门大学英语教学比赛一等奖，以及 2018 年厦门市教学技能比赛一等奖。

我和厦门大学的那些事，该说些什么？往昔浮篇，满满回忆，青葱岁月，同学少年，年轻、骄傲，那么美好；张口却语塞，过往早已成为身体的一部分，简单、平常、自然而然。现在回学校讲解剖课，总能看见那年那时的那个我。就说说我的解剖课吧。

一、没有人会按重点生病

大一第二学期，第一门医学专业基础课“系统解剖学”到来。任课老师是班主任薛茂强教授。第一堂课，薛老师说：“解剖是现代医学的基础，对你们以后的专业课学习非常重要，好好学，每一步都要学得扎实。课堂内容要记住，书上的小字部分也都要记住。没有人会按重点生病，所以我是不会给你们划重点的，大学不再是高中式的学习，老师帮助大家梳理形成各自的知识框架，课后要花时间，才能更好地理解和记忆……”那天“系统解剖学”三节课扫了 30 多页，对当时刚搭上医学门槛的我们来说着实有点快。

他是真的不给划重点。老师深入浅出的讲解和梳理，一学期下来，我们就这样把 500 页课本的每一个字生生都变成了重点。

三天后，第二堂课前，老师又说：“还行吧？大家回去都有好好温习了吧，都记住了吧，学有余力的同学，趁现在还不太紧张，去图书馆借英文版 *Gray's Anatomy* 去读，对大家有帮助……”

一年下来，我也就这样把 2000 多页的 *Gray's Anatomy*“啃”完了，刚开始边查字典边“啃”，慢慢就快了，这给了我信心，也给后来阅读英文专业书籍文献打下了基础。

一山望过一山高，一山跨过一山高，在医学院老师们的指导下，全班同学们在学习上进入了永不满足的循环，班级形成很好的学习氛围。业精于勤，笃行不倦，在医学院的关爱呵护下，人人奋进争先，集体团结互助，2008 年我们班级获得福建省高等学校优秀班集体称号。

二、那么多人陪着我呢

周三晚 9 点，李文正楼一、三、四楼灯都亮着。一楼“局部解剖课”下课，有 8 个同学留下继续解剖。

10 点，四楼黑了。一楼解剖教研室，剩 3 个同学。“放心吧，老师，一会儿我们来整理，12 点前肯定走。”

11 点，三楼也黑了。一楼排风扇仍呼呼作响。“你们先走吧，我再做一会儿。”

11 点 30 分，我们将大体老师（解剖的尸体标本称大体老师）逐层复位合上，装回长形塑胶解剖袋中，一点一点拎抱着 70～80 千克重的大体老师放回福尔马林池里，清洁解剖实验室。窗外松树密排竖立，细云偶尔飘过残月，风穿过树缝吹进来，我偷吸口新鲜空气，伸伸腰。

11 点 50 分，我们关掉排风扇，拧转的门把带着大串钥匙稀里哗啦作响，荡在楼道里，等着排风扇停下。从中央走向楼道一端办公室归置钥匙，门反锁带上。啪，半侧楼道黑了，摸着墙回来。排风扇的声音小了，偶尔带着点吱呀的尾音，孤独而单调，渐渐小了。

11 点 58 分，彻底安静下来。我们走向楼道另一端。啪，整栋楼彻底黑了。打开尽头的侧门，一月份厦门晚上的风，穿过楼道，轻轻招呼了下黑暗那头的窗子。合上门，门玻璃上隐约有些许影，是身后松树的影子吧，“周末见，大体老师”，摸索着将片锁插入铁门的栓孔里，咔……

这是临床医学专业同学和大体老师们度过每个周三夜晚后的道别。

“你一个人不害怕吗？”

“嗯……不怕……有那么多人陪着我呢。”

大三的“局部解剖课”，医学院为我们提供了在当时极好的条件，8 个学生一具大体老师，自己上手逐层解剖，日后与他校同学交流时总令对方艳羡不已。然而课时总学不够，知识总学不够，理论总学不够，实践总学不够。我们就利用课后和周末的时间再回来学，我们一边协助老师制作解剖标本一边学，有些标本至今还在解剖教研室供学弟学妹们使用。当时的干劲真大啊，有些“囊萤映雪”的味道，但汗水不会白流，努力不会白付，这些给后来从事外科打下了很好的基础。

三、引导学生自主去思考和探索

解剖学经典*Gray's Anatomy* 1858 年第 1 版的副书名是 *Descriptive and Surgical*，150 年后第 40 版的副书名是 *The Anatomical Basis of Clinical Practice*，从维萨里时代开始，解剖与外科密切相连，细致解剖是为更好应用临床实践。

2017 年，我参加教学比赛，得以向更多老师学习，得到了医学院和学校教师发展中心很多老师的指导和帮助。朱水涌教授讲："上好一堂课是要我们讲好一个故事，把知识融入故事里，从哪里来，做了什么，到哪里去，又为了什么，把学生带进故事里来，故事讲完了，知识就和故事一起留在脑子里了。""医学专业知识是需要记忆的，很多时候是相对枯燥的，但发现的过程是有趣的，"钱洪流教授说，"我们就是要引导学生自主去思考和探索，重新走过那些发现的旅程，踏着前人的足迹，帮助学生形成探知知识的思维和习惯。"作为一名年轻的非全职教师，我在厦门大学的老师仍循循善诱地一步步指引我前行。

四、老师，我可以不当医生吗？

前一段有个学生来找我，说："老师，我以后不想当医生，可以吗？高考报志愿的时候是家人要我学医，我不喜欢。现在我们要学要记的东西太多，而且外科有些场面我也接受不了……"我便和她分享了自己的一点想法。

我想，本科学临床医学和终生当医生本不是件直接相关的事情。大学首要的是培养学生的世界观、价值观，形成良好的独立思考和自主学习能力。临床医学和数学、外文等专业一样，是厦门大学培养学生成为一个“自强不息，止于至善”之人的途径，如果能通过临床医学这个学科的深入学习，对人、对世界有更深入的理解就再好不过了。这个时候我们再来问问自己，如果发现成为医生有机会、有能力去帮助患者是件幸福愉悦的事情，决定成为医生，那我们就能当好医生。如果仍觉得自己不想当医生，那也能成为一个对他人、对社会有益的人。

我告诉他：“你当然可以选择不当医生，但一定要成为一个对他人有益，对自己不后悔的人，加油。”

2019 年 10 月，我们毕业十年后回医学院与老师同学汇聚一堂，许多画面历历在目，情绪再次翻滚起来。回看自己不长的医学之路，从 2004 年厦门大学的解剖课堂开始，现在自己又回到了厦门大学的解剖课堂里。厦门大学给予我的，不仅有胸怀祖国、展翅鹏飞的豪情，亦有回家归故，传承跪乳的细腻。时至今日，谆谆教诲于心，个人受益良多，对母校厦门大学满满都是感恩。在此，感恩母校母院教导和培养！恭祝厦门大学百年校庆生日快乐！

在心里种下善良的种子

◎ 朱亚生　厦门大学医学院 2008 级国防生

◎人物简介：

朱亚生，厦门大学医学院临床医学系 2008 级本科生，厦门大学国防生，厦门大学首期学生马克思主义研修班成员。现为上海长海医院泌尿外科主治医师，讲师。在校期间曾任厦门大学团委学生科技创业与就业服务中心主任。先后获得“挑战杯”大学生课外学术科技作品竞赛福建省特等奖和全国特等奖，并代表厦门大学在全国决赛期间“国际青年论坛”上发言；荣获福建省优秀共青团员，福建省三好学生称号，荣获厦门大学优秀三好学生、优秀学生干部、优秀国防生称号；三次获得国家奖学金，并在厦门大学九十一周年校庆之际被授予厦门大学本栋奖学金。

突然再提笔回忆在厦大的故事，内心仍然十分激动。离校尚不满十年，才刚刚博士毕业进入工作岗位，我并没有很多资深校友那样丰富多彩的社会经历，但回忆起在厦大的生活，感触最深的是，厦大成就了现在的我。

其实，在刚离开厦大的时候，我曾经有一度是有点“痛恨”厦大的。因为厦大外面的生活和在厦大的生活是不一样的。在厦大的时候，感觉生活会更简单一点，每天就是做好自己的学业，读好自己的书，做好自己参与的学生工作，正常取得自己应得的成绩。但是外面的社会和在厦大的是很不一样的，会有人因为问你想不想要一个朝阳面的好宿舍而向你索取贿赂，会有人因为你平平无奇的身份而在办事的时候对你推三阻四。外面的世界似乎对我们没有那么友好，很多事情都会简单地被归结为那句“这或许就是现实吧”。

但是，我对厦大的“恨”并没有持续多久。离开厦大以后，我的身边还是会有很多的厦大校友，无论是在硕博学习期间，还是在美国哈佛访学期间，无论到哪里，都会有厦大校友、厦大校友会的身影。我记得刚到美国的时候，是厦大的校友帮我找的房子，带我去波士顿最古老的音乐厅听马友友的音乐会，会在夏天组织烧烤聚会，带我们熟悉这个城市，耐心地在微信群里解答我们提出的疑问。应该说，厦大校友关爱帮助我走过了很多艰辛的岁月。尤其是在我们聚在一起的时候，我们经常会回忆起过去厦大的故事，老校友们会讲当年在厦大站岗的故事，会讲老交谊舞舞会的故事，我们则会讲起学校的免费米饭，豪华的图书馆，讲起对我们关怀无微不至的辅导员老师，讲起在漳州校区早上因大雾停航而推迟上课的故事。

慢慢地，我开始理解，为什么我刚离开厦大的时候，会有一点“恨”厦大了，原因可能就是那时候“厦大对我们太好了”。她总是把最好的东西给自己的学生，在一个学生刚刚离开枯燥烦闷的高中生活后，给予学生最好也最真挚的关心和帮助。我想这可能也是很多学生会在毕业以后努力回馈学校的原因吧。因为曾经在自己一无所有的时候受过学校的好，所以在自己有能力的时候，就会想着“不论怎么样，也要做点什么回馈母校”。

事实上，在我们还没有离开母校的时候，我们就已经开始学会回馈母校，开始学会帮助他人了——每一年的送旧和迎新就是对我们最好的教育，教会我们帮助他人。在我自己第一天到厦大的时候，我乘坐的是2008年9月10日早上第一班到厦门的火车，大概早上5点多，火车到厦门站，但是很惊讶的是火车站门口已经有接站的工作人员了。我们把贴好行李标签的行李给志愿者以后，就乘坐学校的班车、船一路去到了漳州校区。到了学校以后，又有志愿者带我们到笃行园区，从教我们怎么用校园卡刷热水开始，一点一点帮助我们熟悉新的生活。等我们收拾好以后，差不多到中午，行李就已经运到宿舍楼下了。

可以说从进入校园的第一天开始，学校对我们的教育就开始了。第一天我们报到和办入住，非常顺利，没有一点耽搁。这种最初的温暖一直留在心里，而厦大也正式从这一点一滴，甚至是最细节的小事中开始了对学生的教育。后面的几年，我都很自然地参与到迎新的工作当中，学着以前学长学姐们的样子，欢迎新同学的到来。我仍然记得到本部以后，有一年迎新的时候，校团委的张晴老师和孙佳老师带着我们一起迎新，当时我看到有不同颜色的行李标签（以前我在漳州校区的时候只有红色），我就问两位老师为什么会有不同颜色。我到今天仍然记得孙佳老师和我说，厦大本科生的行李标签是红色，象征着青春与朝气，而硕士生的是蓝色，博士的是青色，象征着青出于蓝。当时我的内心很震撼，即使是在行李标签颜色的选择上，厦大也能够把细节工作做到最好，我想这也是对学生的言传身教。

我在厦大的时候是国防生，在学校的时候，我们不仅有医学生平时繁重的学业，还有国防生很多的训练和任务。但是现在再回头去看在厦大的生活，那些吃过的苦好像都不算什么，毕竟经历过来也就是经历过了，得到也好，失去也好，都已经过去了。

所以再回忆在学校的经历时，想到学校教给我们最多的，或者说我自己感触最深的，反而是那些细节，是学校言传身教给我的“要做一个善良的人”。正如陈嘉庚先生曾经向学生做报告的时候说的，他培养学生，并不是希望学生替他自己做什么，而是不要做国家的害虫、寄生虫，要努力地读书，好好地做人，好好地替国家民族做事。

我想这也可能就是我为什么会在刚离开厦大的时候“痛恨”厦大的原因了。因为厦大对我们好像太好了，所以可能我在刚刚离开学校的时候，太不适应了，外面的世界和厦大的世界太不一样了，所以有时候我们甚至会“痛恨”厦大：“为什么不教给我们社会究竟是什么样子的？”

但是后来，我也就不怎么“恨”厦大了，可能随着年岁渐长，我开始理解厦大给我们的教育了。我想厦大教给我们的，或者说在我理解中厦大教给我们的并不是社会是什么样的，而是社会可以是什么样的。我们在学校学到的并不是如何完全与现行的社会相适应，因为现行的社会或多或少有一些不好的地方，有不少可以进步的地方，而我们可以用自己的所学去改变现在的社会，而不是完全地被社会所改变。

所以我深深地感受到，在厦大的学习和经历，是在我们心中埋下了一颗善良的种子。

我记得我很早的时候在厦门火车站与一位同行的阿姨聊天，她说她也是厦大的毕业生。当时的我正是厦大大三的学生，身上满是985高校学生的自豪感和骄傲感，我心想，这个阿姨看起来好普通啊。今天再回想起来，其实毕业以后，每个人都有不同的人生选择，有的人可能会飞黄腾达，人前显贵，而有的人可能是柴米油盐，朝九晚五，但是不管怎么样，只要我们能坚持做一个善良的人，做一个正直的人，把我们的所学体现于我们说的每一句话、做的每一件事里，体现在我们的待人接物、与人相处上，用我们所学去改变我们周围不好的事情，就能无愧于我们的所学，就能让我们心里这一颗善良的种子在我们这里生根发芽、开枝散叶，这可能也就是对厦大精神，对厦大教育最好的实践和回馈。

校园中的那抹橄榄绿

◎ 刘　慧　厦门大学物理与机电工程学院 2004 级国防生

◎人物简介：

刘慧，厦门大学物理与机电工程学院电子信息科学与技术专业 2004 级国防生，曾任国防生模拟连班长、排长，现为驻厦某部副政治教导员。

一身绿军装，一群兄弟，一段成长蜕变的时光。绿军装作为厦门大学美丽校园的点缀，在平凡求学路上散发着不一样的光彩。

大学四年，仿佛昨日，历历在目。漳州校区是我们大学的第一站，图书馆、南太武、湖心小岛、映雪公寓等深印在脑海；模拟连是国防生永远怀念的“娘家”，单日跑操、双日点操、周末队列、暑假集训等场景是那么清晰；毕业从军是莘莘学子的不悔初心，大学教会了我们什么是家国情怀、自强不息、止于至善。

国防生，闪耀着奋斗的光芒，从学生到军人，从学生官到军官，充满了荆棘坎坷，完成学业的同时多一份意志磨砺。“以后基层战士可不管你是什么学历毕业”“现在多流汗，以后少流泪”，选培办的谆谆教诲一直激励着我们前行，让我们在汗水中不断成长。

2006 年暑假，国防生按计划在国防园参加一个月集训，那次集训让我彻底卸下了“天之骄子”的骄傲，也是我们试着融入部队的开始，体

2017 年厦门大学、集美大学国防生开展交流活动

能、指挥、射击、教学法等科目让我们应接不暇，但无处不在的规矩让我们略感压抑。有一天教官例行在队列前讲评，熟悉的“套路”还是那熟悉的味道，训练一天的我们内心早已飞向了食堂。“×××，出列！”海防团的值班士官突然分贝提高几分，我莫名心中一紧，电视上的情景要重现了。“站在队列里你为什么动?”“报告!《条令》规定‘稍息久了可自行换脚’。”战友似乎底气十足，教官往前走了两步，眼睛直直逼视着战友，两张黝黑的脸几乎贴了上去。“是你懂部队还是我懂? 还用你来教我《条令》吗?”教官眼神的杀气瞬间击溃了战友的底气。最终，战友在训练场罚站了一小时军姿。在当天班务会上，之前一直被我们“瞧不起”的一级士官给我们上了生动一课：“智商高是大学生的优势，但在部队玩文字游戏行不通也走不远，部队不会因为你是大学生就宽容作风纪律问题，也不能因为你是大学生就坏了规矩。”象牙塔与现实的碰撞，以我们的完败而告终。感思良久，我慢慢理解了“服从命令是天职”，我想起了何为

“止于至善”——既然选择了从军，就要做到“在哪座山就要唱哪山的歌”，做到更要做好。之后的生活训练中我也不敢造次，踏着积水冲刺跑，趴在泥里练战术，舔着汗水站军姿，空闲时我也常常到国防园楼顶远眺漳州校区，也许集训结束就意味着两年漳州校区学习的结束，怀念懵懂青葱的岁月，不舍刚熟悉适应的漳州校区学习生活。大学教会我们的不仅仅是课堂的学识，更教会了我们在以后的人生路上要自律、自强，要永远追求卓越。

周末队列训练

那次讲评中的“顶撞”只是一小片浪花，国防园一个月的军训很快过去了，但我始终忘不了那一声“《条令》规定‘稍息久了可自行换脚’”的质疑，那是我们试着融入部队的适应，虽然那声质疑现在看来是那么不成熟、不理智。但我始终牢记老师在课堂讲的“终生学习、永远追求卓越”的精神，它始终伴随着军旅生涯，从排长、干事、指导员、副政治教导员一路走来，每一个岗位都是新的开始，每个新环境都要学会甘当“小学生”，因为大学教会了我学习永不懈怠，才能“止于至善”。

志同道合让我们有了更多共同语言，同甘共苦让我们结下了深厚感情，国防生在收获校友情的同时多了一份战友情。我们在 5 公里跑道上你追我赶，相互扶持着完成 50 公里拉练，生日聚会必点任贤齐的《兄弟》，一起在篮球场洒下汗水，在训练场留下飒爽军姿，所有一起吃的苦都成为我们进步的阶梯，西校门内的“自强不息”深深地刻入了景观石，也早已铭刻入我们的内心。

2004 年南太武山拉练凯旋留影

2008 年 5 月 12 日下午，奥运“火炬”刚好在厦门环岛路传递，举国盛事，处处洋溢着笑容。刚从白城维持秩序回来，我们就听到了四川地震的消息，看着浏览器页面中不断攀升的牺牲人数，我们的心情坠入了低谷，模拟连刚好有名四川籍战友，大家反复安慰：“成都离震中远着呢，没事的，放心好了……”他回来后一直在打家人电话，电话中“嘟——嘟——嘟”一声一声地撞击着心灵。晚饭后，我看到他坐在楼前器械上发呆，就拉着他去曾厝垵吃点夜宵，几杯啤酒下肚，他打开了话匣子，我成了他唯一的听众。我们聊着马上面临的论文答辩、毕业分配及以后打算，等我突然意识来了很多人时，才发现整层楼的战友都过来了，不知是临近毕业还替战友担心，大家都喝得挺多，战友在手机上不停刷着新闻，“总理到四川了”“国家启动一级救灾应急响应”“第一批部队已经出发”。当看到部队第一时间启动应急救灾机制，我们内心热血沸腾，深感自豪，也意识到唯有不畏艰险，勇于拼搏，练就过硬本领，当祖国召唤的时候才能一展身手。那天我们一直喝到凌晨，一起坐在珍珠湾海边看日出，一起畅聊未来军旅路，四川籍战友最后说了一句话：“马上就要到部队了，以后祖国需要时，我也会冲锋在前的。”

我始终忘不了那一幕，一群临近毕业的兄弟，一起坐在沙滩上聊天的情景，有一群兄弟真好！或许当你有困难时，他们给不了金钱物资的支持，但一句“加油”，一句“总会好起来的”就能给予你莫大的动力。毕业后我到部队，工作生活中面临很多困难，但“自强不息，止于至善”的校训教会了我要越挫越勇，不畏困难险阻，努力追求更高更远的风景。

国防生，迷彩在身，使命在肩，拥有一腔爱国心，多了一份家国情怀。我们在实践活动面前总是拥有“优先权”，义务植树、献血、组织、汇报表演等任务中总是活跃着橄榄绿的身影，我们在充实忙碌中度过了大学四年，点滴特殊“待遇”赋予了国防生队伍成长路上的智慧、力量和情怀。

2016 年厦门抗击台风“莫兰蒂”时，作为最早进入厦门岛内开展清理任务的部队，我们冒着大雨卸篷杆、搬树枝，身上也一样滴着水。

西南联大那段校史让我懂得了在风雨中坚守的意义，熬得了清贫，耐得住寂寞，受得了委屈，在后来的军旅生涯中，我始终坚守着心中的那点光明，哪怕个人的力量是那么微弱，但我相信只要聚起来就是一团火，星星之火终会燎原。

当初，我们怀揣着一颗携笔从戎的初心走入校园，转眼四年分散到大江南北，就像历史中的一朵浪花，头也不回地扎进大海，然后默默消失，几年后，校园中再也没有橄榄绿那抹景色，但在海边的演习场、戈壁深处的沙漠、山间的战略支援部队，有我们依然在坚守着的身影。

既然选择了诗和远方，便只顾风雨兼程。

我爱你，再见

◎ 王嘉珺　厦门大学新闻传播学院 2018 级硕士研究生

◎人物简介：

王嘉珺，厦门大学新闻传播学院 2018 级新闻学硕士。偏爱文字与写作，曾获 2019 年度人民网优秀论文奖二等奖；参与撰写《新冠肺炎疫情暴发以来境内舆情演变特点分析》，并入选中宣部内参；在新华社福建分社实习期间发稿 10 篇，部分文章被人民网、新浪网等转发；曾获 2020 年厦门大学新闻传播学院大学生寒假返乡调查竞赛三等奖。担任厦门大学校研会办公室主任，参与组织厦门大学优研优主评选、跨年晚会等大型活动；曾参加“2018 新闻传播学院院长论坛”“2019 年 LIA 伦敦国际广告节”等志愿活动，并获得优秀志愿者称号。

“那一年，骊歌悠扬，蝉声渐远。仿佛就那么一瞬间，已开始了想念。挥别了芙蓉湖，我泪流满面。远处的凤凰花，已含泪无言……”2019 年凤凰花开的时节，由厦门大学 1986 级校友作词，韩红作曲并演唱的《凤凰花季》在那个夏天引起了不小的轰动。“毕业”是一个五味杂陈的词，它包含着太多的情感与故事，它关于离别、关于成长、关于青春。正如 2008 年夏天，那本惊艳厦大的“我爱你 · 再见”毕业影像册一样，光影定格的瞬间，记录的是永远逝去的青春，不变的是对母校的深深眷恋。

如今，厦门大学“我爱你 · 再见”毕业影像展活动已经历了 12 个年头，由最初的惊艳，到现在的人尽皆知，甚至连芙蓉隧道“我爱你·再见”的涂鸦，都成了海内外游客游玩厦大必打卡景点。12 年前，厦门大学新闻传播学院学生黎莹洁和同学策划毕业影像展时提出了“我爱你·再见”的主题。关于这个主题的每一个词都有其深刻意义：“我”是大学四年里亲身经历的每一件事，“爱”是校园的脉脉友情和甜蜜爱情，“你”是从学生角度看到的校园里的每一个你，“再见”记录着毕业前每一个瞬间的永恒凝固。也许，当初的她们并没有想到这场毕业影展活动会引起如此多的关注，能够走出新闻传播学院，逐步发展成厦大学子喜爱、熟知的校级品牌活动。在这 12 年里，“我爱你·再见”毕业影展活动见证了无数厦大学子奋斗、成长的故事，在每一位厦大人眼中，它都有着独特的意义。

一、那一届影展，我永远忘不了

“我爱你·再见”系列毕业影展在每年的 4 月初开始进入活动预热状态，每年的主题不同，每次影展会分为 3 个子题，并向全校发起征稿。2019 年第十二届影展主题为“我爱你·再遇见”，并以此划分 3 个子题“初遇”、“无常”和“留恋”，大家可根据相应子题投稿作品。经过一个月的作品收集，评审团于 5 月中旬对参赛作品评级，在影展公布获奖名单并展览。影展持续过程中，大家可以自由看展，在影展区合影打卡，并挑选自己喜欢的系列周边留念。

这个过程看似简单，但对于参与组织过的小伙伴而言却并非这么轻松。阿雯是第十二届“我爱你·再见”毕业摄影展的主要负责人和组织者，她表示：“在这个过程也遇到了许多困难：首先，这个活动周期很长，需要一个非常完整且周密的策划，从策划到实施我们历时 3 个月，每个部分都需要考虑到位，所以我们那段时间几乎每周都开会讨论；其次，人手不够，因为新传的学院性质，女生占比较大，在办活动的时候，许多重活女孩子也要参与其中，操作起来比较吃力。但好在我们的成员都很热心、很团结，也没有抱怨过什么。”说到在这场活动中印象最深刻的一件事，阿雯说是她们六个女孩子把“我爱你·再见”的铁质彩字，从新闻传播学院徒手搬运到图书馆大厅的那一次。由于男生少，组织活动的重活累活也只能由女生顶上去，一路上虽然磕磕绊绊，累得不行，但是相互的调侃和鼓劲至今都很难忘。

坚持与付出是这场活动得以一直持续十二年之久的根源，像阿雯这样每年为活动筹办、组织默默努力的小伙伴还有很多，他们希望给即将毕业的学长姐们带来一次临别前的“欢送仪式”。就这样，这场“欢送仪式”一届一届坚持下来，成了厦大学子美好而难忘的回忆。

二、那一个拥抱，竟成了永别

在学子看来，“我爱你”是对母校的眷恋；在恋人看来，“我爱你”是最单纯刻骨的诺言。年轻时的爱情大概就跟青春片一样，没能走到一起但依然美好。因为厦大相遇，因为毕业分离。成长有太多的未知和迷茫，把彼此留在美好的青春印记里也许是这段感情最好的模样。

厦门大学 90 周年校庆的时候，他还是大四的学生，当时的他主动加入了校庆的志愿者队伍，也是在这里他遇到了自己的女友。那时，他俩都住在海韵，每天晚上校庆晚会彩排布置完后，他们会一起走芙蓉隧道回寝室。芙蓉隧道里都是熙熙攘攘的人群，他们走得很慢，有时还会停下来和隧道的涂鸦合影。有一次，她让他猜哪一幅是她最喜欢的，他指着那幅“我爱你·再见”问是不是，她说“我才没有那么‘俗’嘞”，转身牵着他的手继续向前走，羞涩中带着些许甜蜜，他心里暖暖的。马上就快毕业了，离开厦门的前一晚他送她到宿舍楼下，她抱了他很久很久，他说又不是见不着了，干脆咬他一口留个印记得了，她没有说话。最后，她上楼的时候回头望了他好几次，可他怎么也没想到这是他们见的最后一面。毕业后他们去了各自的城市，忙于各自的生活和学习，渐渐淡出了彼此的生活。

故事的结局虽不圆满，但却美好。对于他们而言，曾经的每个场景都埋藏在记忆最深处，特别是那句“我爱你·再见”，是他俩最青涩而甜蜜的存在。

“青春”包含了太多的美好与故事，“学校”留下了太多的印记和成长。校园时光虽短，却是每位学子内心最柔软、温暖的存在。即将毕业的那一刻，那份留恋与不舍化作一句“我爱你·再见”，它是对过去的告别、对未来的憧憬、对人生的笃定、对母校的眷恋，也许这就是“我爱你·再见”真正的意义所在。不管你是第几届的厦大毕业生，不管你是否参与过“我爱你·再见”毕业影展，但散布在世界各个角落的你们都怀揣着曾经离别时对母校那份“我爱你·再见”的情谊。也许你们曾相约“厦大百年校庆”再见，也许你们期待再回母校看看“我爱你·再见”影展，我们时刻欢迎着你们回来！

我爱你，厦大！咱们百年校庆再见！

与厦大“共舞”的时光

◎李　朝　厦门大学体育教学部2017级硕士研究生

◎人物简介：

李朝，厦门大学体育教学部2017级硕士研究生。曾任厦门大学学生艺术团体育舞蹈队队长、厦门大学体育舞蹈协会会长。在校期间，曾多次参与筹办和出演校内各大活动（南强颂、我们的节日、舞林大会等），及代表厦门大学参加全国各大赛事，累计获得中国大学生体育舞蹈锦标赛奖项7项、福建省体育舞蹈锦标赛奖项13项。

2017年3月18日，于我来说，是一个特殊且意义重大的一天。之所以记忆深刻，是因那天恰逢我的23岁生日，也是我第一次踏足厦门的日子。此行的目的，是来参加厦门大学研究生考试的复试。十分幸运，我顺利通过了复试，成为厦门大学的“准研究生”。朋友称，我收到了一份最好的生日礼物。没错，这一纸录取通知书确实是最好的生日礼物。

自此开始，便开启了我与厦大“共舞”的三年时光。为什么称之为“共舞”呢？是因为我是一名体育舞蹈专业的学生，在厦大的三年间，最精彩的故事也是与厦门大学体育舞蹈队相关的。

一、相遇

2017年4月，我通过网络找到了“大本营”——厦门大学体育舞蹈队，并结识了体育舞蹈队的部分队员和两位指导教师——原厦门大学工会副主席陈洁老师和体育教学部的邹红老师。这是我与体育舞蹈队的初次相识。

2017年5月，厦大体舞队出征重庆，参加全国大学生体育舞蹈锦标赛，我申请以一名“见习后勤队员”的身份自费前往重庆，随队学习。通过重庆一行，我感受到了厦门大学体育舞蹈队轻松愉快、对待舞蹈却又一丝不苟的氛围，我愈发喜欢这个队伍。这是我与体育舞蹈队的初次相遇。

由于2017年我已经本科毕业，时间相对充分，重庆之行结束后，我便向老师申请提前前往厦大入队训练。十分幸运，恰巧碰到了福建省第十三届“挑战杯”闭幕仪式，我有幸参与演出，这是我第一次登上建南大会堂的舞台。在“初入队伍”的这段时间内，几乎是与体舞队的同学们朝夕相处，作为一个体院出身的专业学生，我惊叹于体舞队的这些“厦大学霸们”在完成好自己学业的同时，还能对一个业余爱好投入那么多的精力和心思，也敬佩于“学霸们”对于一个业余爱好能有如此的执着和热爱。这可以算得上是我与体育舞蹈队的初次相知。

二、责任

2017年9月10日，我正式进入厦门大学开始学习。此时，我对厦大体舞队已比较熟悉了。时任体育舞蹈队的队长是一名大四的学妹，当时正在准备考研。由于要备考，大概10月份，学妹联系我，有意让我接替队长的职务。初来乍到，我对这个学校和这个队伍都充满了期待，所以我带着满腔热情接受了队长的职务。

2017 年 12 月，厦大体舞队再次代表学校出征全国大学生体育舞蹈锦标赛，于我而言，不一样的是，这次我是以选手的身份代表厦大站在了赛场上。同时，我也是第一次作为队长协助老师带队参加全国性的赛事。同时作为队长和参赛选手，除了调整好自己的参赛状态以外，我还要协助带队老师做好后勤工作，确认每位参赛队员的比赛时间及比赛期间的饮食、服饰妆容等，让所有队员都能以最好的状态站在赛场上。第一次带队参赛，难免经验不足，过程中出现了些许小问题，好在有陈洁老师和邹红老师的耐心指导。在日后的工作中，两位指导教师对我百般教导，尤其是陈洁老师，可以说是"手把手"地教我怎么做事，怎么处理问题。在两位老师的悉心指导下，我成长了，我逐渐可以独当一面。

中国大学生体育舞蹈锦标赛赛场照，李朝（左）

此次全国赛上，厦门大学代表队获得了 3 金、4 银、3 铜的好成绩。全国赛凯旋之后，2018 年 1 月，我与体舞队的几名全国赛选手接受了厦门大学微信公众号的人物专访。在访谈中，我抒发心中所想："尽自己所能做好体舞队的每一项工作和日常训练，是我的责任，也是义务。"于当时的我而言，虽然正式加入体舞队仅半年，但已然对这个队伍充满了情感；既当重任，我便希望尽我所能把我热爱的这个队伍变得更加优秀。

2018 年 4 月，“南强颂”的演出结束后，我们便开始了“舞林大会”（由厦门大学体育舞蹈协会承办的一年一度的校级体育舞蹈/交谊舞大赛）的筹备工作。此次比赛的筹备工作由我和徐媛学姐（体舞队之前的队长，2015 级亚南院研究生）主要负责，从文件审批、物资购买、前期宣传、报名统计，到工作人员的任务分工、具体细节的安排，我与学姐可谓是“呕心沥血”，直到比赛圆满落幕，我与学姐相视一笑，握手言欢，互道一句“合作愉快”。

我很荣幸，在老师的不断指导下和同学们的支持下，我在不断地摸索中完成了一个又一个的任务。我所负责的演出或者比赛，或许都会有些许瑕疵，但正是在犯错中不断成长，也正在一次又一次的“订正”中，让自己不断进步。责任感，则是体育舞蹈队教给我的首要的，也是最重要的品质。

三、收获

随着不断地磨炼，我对于队长的工作职责也愈发熟练于心。尽心尽力地做好自己的工作，是“责任感”使然，也藏有我的“私心”——体育舞蹈队给了我无限荣誉，我也希望能倾自己之力让更多的同学知道体舞队的存在，了解体育舞蹈文化。

2018 年 7 月，校艺术团举行换届，我继续担任体育舞蹈队的队长一职，同时兼任厦门大学体育舞蹈协会的会长。2018 年 12 月，厦门大学学生艺术团在福建省内开展了“高雅艺术进校园”的巡演活动，在龙岩学院、泉州黎明职业大学、宁德市、厦门华厦学院和厦门医学院等地方和高校进行了 7 场演出，我作为队长和演员，全程参与。为期一个月的巡演，作为队长，我锻炼了工作能力；作为演员，我得到了无尽的掌声。也许是对我工作的认可，经校艺术团推选，2019 年 5 月，我获得了厦门大学 2018 年优秀共青团员的称号。

2019 年 4 月，中国国际标准舞总会举办的“中外世界名校 CBDF 思明群英汇”舞会于厦门举行，中国国际标准舞总会向我校发出了邀请，我作为协会的会长，组织厦门大学体育舞蹈协会的成员参加了此次舞会。舞会现场，来自北京大学、清华大学、哈佛大学、斯坦福大学等世界名校的学子们齐聚一堂，一起共舞。

2019 年 5 月，我有幸代表厦大，前往北京参加了中央电视台五四青年节晚会的节目录制。那是一次难忘的经历，演播厅内聚集了来自全国各大高校的两千余名学子，可谓是“高手云集”。5 个日夜的排练着实辛苦，但能够代表厦大站在全国最大的舞台上，能够与各大高校的优秀学子同台演出，荣幸之至。

2019 年 10 月，以学校的名义，我再次协助指导老师带队征战全国大学生体育舞蹈锦标赛，此次参赛，除了斩获了可观的比赛名次，我还获得了由中国大学生体育协会颁发的优秀运动员称号。至此次全国赛，我任队长期间，厦门大学体舞队已经代表厦门大学征战全国级别的赛事 3 次，累计斩获金牌 6 枚、银牌 8 枚、铜牌 11 枚，其他名次若干。这些数字是体舞队的荣誉，于我而言，作为队长，也是我的骄傲。

除了比赛与演出，我更希望能有更多的同学能够真正认识到体育舞蹈这个项目，能够认识厦门大学体育舞蹈队这支队伍。据陈洁老师回忆，在 20 世纪八九十年代，厦大非常盛行跳交谊舞。后来由于校园文化的形式丰富多样，交谊舞慢慢地淡出人们的视线。而今，带着对往昔记忆的

2019 年，李朝（右）参加跨年舞会演出照片

探索和对校园体育舞蹈/交谊舞文化的普及，2019 年 12 月，厦门大学体育舞蹈协会决定举办一场交谊舞会，由我负责此次舞会的筹备。在舞会的筹备期间，我与协会的老师和同学们进行了一次又一次的会议讨论，商讨舞会的宣传方案，绘制舞会的宣传海报，选购舞会的所需物资，制定舞会的开展流程，敲定舞会的现场音乐等，事无巨细，力求每个细节都做到最好。舞会当天，明培馆内灯火辉煌，华丽而有仪式感，我戏称大家布置了一个“大型相亲现场”。舞会结束后，前来参加舞会的同学和老师纷纷“点赞”，并表示十分期待下次的舞会，于我而言，自己的工作获得了众人的认可便是最大的荣誉。

三年时光转瞬即逝，回首与厦大“共舞”的这三年，我竟少有遗憾，净是收获和感激。感激厦门大学体育舞蹈队和厦门大学学生艺术团的师生们，教会我“责任”、“担当”、“坚定”和“专注”等品质；感激厦门大学使我们相遇，作为一名厦大学子，这段时光必然会在我的余生中闪闪发光，伴我砥砺前行。

2019 年厦门大学交谊舞会现场

历经百年的沧海桑田，“自强不息，止于至善”的校训始终勉励着每一个厦大人；共度三载的“共舞”岁月，相信我的心中永远都会住着那个曾在芙蓉湖畔翩翩起舞的青涩少年。

我的厦大生活

◎ 郑 鑫 厦门大学信息科学与技术学院 2010 级本科生

◎ 人物简介：

郑鑫，厦门大学信息科学与技术学院计算机系 2010 级本科生，在校期间担任过班长以及学生会成员，拿过 3 次国家奖学金、1 次校庆奖学金以及院长提名等，2014 年毕业时是全系第一名，并拿到保外资格，但放弃了保外，选择出国读博，2014—2018 年在新加坡南洋理工大学计算机学院完成博士学业，其间拿到 SAP 全额博士奖学金。2018 年毕业后到 Shopee（国内叫虾皮，东南亚的电商公司）做算法工程师，目前是资深算法工程师。

仍记得 2010 年 9 月 12 日那天，我第一次踏入厦门大学漳州校区校园的情景。从前都是耳闻全国第一所华侨创办的大学，而今我是真真切切地置身于这所校园，对于一切事物都充满了好奇与憧憬。那时的我既不知道未来四年的大学生活是怎么样的，也不知道大学生活会如何影响我今后的人生道路。此时此刻，置身南洋，来到了以校主陈嘉庚先生命名的车站新加坡 TAN KAH KEE 地铁站，心中更是感慨万千。

曾记凌云岁月，泛舟学海洋洋。

拾阶南普陀，凤凰花满鹭江。

群贤楼里精英荟，芙蓉湖畔读书忙。

荣光，荣光，吾校南方之强。

而今客居南洋，学术耕耘理想。

登高北望远，思念泪湿薄裳。

嘉庚故事寻常见，闽语依旧绕耳旁。

自强，自强，校训永不能忘。

嘉庚先生少小离家，远赴南洋，闯荡经商而终成一代商业巨子，而后又回到家乡散财助学，造福乡梓，这才有了我本科四年生活学习的厦大校园。如今的我在陈嘉庚先生创办的学校完成本科学业，而后追随着陈嘉庚先生的足迹，来到南洋继续我的求学之路。回想起当年在厦大校园的日子，就像是在昨天发生的一般，仍历历在目。

一、学生活动

大学给了学生更多自主学习和探索的空间。如果说高中是雏鹰的暖巢，那大学就是任雄鹰翱翔的天空。想成为雄鹰就一定要学会生存的技能，而想要成为一个真正对社会有用的人，正确的引路人也同样重要。我仍记得开学后第一次全系大会上辅导员韩海雄老师的幽默言谈。他说："大学里学习成绩固然重要，但是同学之间的关系也同样要相处好。大学同学会是以后人生中的重要人际组成，要学会如何与人相处，才能在社会上走得更远。不要怕犯错，在大学里犯错的成本是最低的。"主动学习、人际关系和不怕犯错，是让我受益终身的三条秘诀，一直指引我在人生道路上走得更从容，更稳健。

在学院新生开学典礼上，我有幸被选中作为学生代表发言。也正因为这次发言经历，让我提早接触了学生会。在学院学生会，学长学姐们的热情、团结，以及井然有序的活动分工给我留下了深刻的印象，让我对学生会充满了向往，我也期待自己能成为这样有组织能力、号召力与凝聚力的人。在接下来的学生会成员招募中，我积极参与并幸运地加入主席团，成为主席团助理的一员。还记得我们6个同届主席团助理在学生会各位学长学姐的带领下熟悉学院事务、举办活动的流程，以及各部门之间如何互相协作等。

很幸运，大学期间遇到了令人如沐春风的师长。学院领导平易近人，辅导员老师和蔼可亲，学长前辈乐于助人。初进学生会，诸事尚未熟悉，不免会犯错误，每每心中正忐忑时，前辈们却能上前开导而又毫无指责，事后也能信任如初。正如新生开学时辅导员讲的，大学里犯错的成本最低。时至今日，仍然非常感谢包容信任又支持我们这一群乳臭未干的毛头小子的辅导员老师和学院领导们，正是他们的支持，才使我每次都坚定地提出自己的想法，并不害怕看到自己犯错，并能正视自己的错误。每次举办活动时提出新的想法，老师们都能耐心倾听，并鼓励我们大胆尝试与实践。

还记得做社会实践的时候，我们选择了农民工子女上学的话题，这个话题调研起来难度很大，信息也很庞杂。在我们绞尽脑汁无果的时候，向有经验的学院辅导员老师请教，他非常耐心地给我们讲解了一些容易切入的研究方向，并给我们分享了他当年做社会实践的宝贵经验。在辅导员老师的指导下，我们迅速确定了调研方向以及实施方案，并成功完成了这次社会实践，同时我们的研究报告获得全省嘉奖。学院领导以及辅导员老师们对我们的支持和耐心的帮助深深地影响了我待人接物的方式。

二、学习生活

专业知识是我们走向社会、开展工作的基本需求。学院专业负责的老师，用严格的标准要求我们，才使得我们为学习专业知识打下坚实的基础。还记得我们为了考过系里“四大名捕”老师的考试，课上认真听课记笔记，课下互相讨论学习，在图书馆自习室埋头苦读的日子，那种时光单纯而美好。我仍记得漳州校区图书馆三楼面向栖霞湖可以看到落日余晖的位子，仍记得图书馆闭馆后骑着单车回宿舍的路上从校园广播传来的温暖声音，仍记得大家为了完成课业项目在自习室在食堂里热烈讨论的样子。厦大的学习氛围是开放的，同学之间的研讨从来都是信息共享，知识互补。尤其是在做课程项目的时候，大家都是精益求精，力求完美。大家虽然没有把校训时时刻刻挂在嘴边，可做事情时却是把校训精神体现得淋漓尽致。

参加数学建模比赛已经成为厦门大学的传统。各种专业背景的学生放弃了自己的暑假，齐聚一堂，在学校跟着老师们认真学习建模知识。大家需要在短短一个月时间之内，学习了解四五门建模所需的基本数学知识和编程算法，每天都在接收大量新知识。早出晚归，小组成员讨论学习到深夜已经成为常态。正式比赛的三天里，大家丝毫不敢懈怠，各显神通，头脑风暴一波又一波。力求完美似乎已经渗入每个厦大学子的血液，小组里的每个成员都在为完善结果尽着自己最大的努力。我仍记得当时所有参赛同学那股拼命的样子，面对比赛充满了昂扬的斗志，甚至都忘记了时间，通宵达旦，彻夜不休。初秋的夜里凉风习习，可赛区里却是一派热血沸腾的景象。这种为了目标热血奋战的精神一直陪伴我至今。

厦大学子都秉承着学无止境的精神，在学习好本专业的基础上还会攻读双学位来拓展自己的知识面。在这种氛围的带动下，我选择了王亚南数理金融双学位。还记得大三和大四，那充实的学习生活。周一到周五学本专业课程，周末学双学位课程。每周和小伙伴们一起穿梭满是涂鸦的芙蓉隧道去本部上课的日子总是充满快乐。最记忆犹新的时刻是期末考试，考试最多的一次，两周之内足足考了十三门课程。那段和时间赛跑的日子，教会了我如何面对压力，也教会了我如何高效学习。正所谓，“学海何洋洋！谁欤操钥发其藏？”。在后来读博士期间，我仍受益于那段时间教会我的高效学习方法和抗压能力。

时光荏苒，白驹过隙。离开厦大已经五年多了，我是多想回到母校的校园！母校对我的影响已经深入骨髓，不管何时何地，我会带着这份厦大人的精神和自豪继续后面的人生航行。

我的厦大电台

◎ 姜键骏　厦门大学物理系理论物理专业 2010 级硕博生

◎人物简介:

姜键骏，厦门大学物理系物理学专业 2006 级本科生，厦门大学物理系理论物理专业 2010 级硕博生，曾担任厦门大学广播电台机务、编辑、台长，在校期间获厦门大学优秀共青团员、厦门大学党委宣传部优秀记者。现工作于浙江理工大学物理系，致力于复杂系统、人工智能、新能源电池学科交叉及应用。

厦门大学广播电台对我来说是一个特殊的符号，离开已经好多年了，但以此为名的港湾却一直在心中微微发热。

在厦大电台的这些年里，认识了好多好多的朋友，也发生了许许多多的事。值此百年校庆之际回忆厦大电台，直冲心房的是 2001 年的一期节目。那时候的我还在上初一，但远在千里之南的厦大电台却已处在了她的 2001 年的那个节点之上，发生着她在 2001 年的故事。

我最早和那期节目的结缘可能要追溯到 2010 年，我在好友的撺掇下报名参加了厦大电台机务组的纳新，那年我研究生刚入学，在厦大已经待了四年，想要为这个心爱的母校贡献一点什么。

刚来到厦大电台，老机务同时也是刚卸任的老台长赵越带我们熟悉这里，喜笑温暖的前辈、简单完整的设备、有着精致涂鸦和俏皮话语的粉色留言本。还有就是放音室角落里的故纸堆了，赵越说以前电台稿子都是手写的，节目还要事先刻录在磁带里，不过现在都已经电子化……这就是和那期节目的第一次结缘吧，第一次的遇见往往就在这样的不经意之间，只有之后回忆起才能明白，这也是那一刻的电台。

第二次与那期节目的邂逅可能来源于一次心血来潮。因为一些机缘巧合，我和宗曦对电台的历史产生了兴趣，想尽办法地挖掘电台的历史。虽然BBS论坛现在已经不流行了，但曾经不是，我们在“鼓浪听涛”发现了属于厦大电台的版块，原来这也曾是台友们交流的主战场，通过阅读那些各种插科打诨的留言，那些陌生的名字慢慢为我们勾勒出了当年属于他们的厦大电台。

宗曦也不知从哪里搞来了扫描仪和刻录机，投入了他几乎所有的业余时间，默默地把故纸堆里所有的稿子扫描成了pdf格式，把所有的磁带转录成了音频，并根据音频的内容把这些稿子和音频一一对应了起来，并尽可能地为它们补充完整节目名、节目时间、栏目名以及制作者们的信息。

在把这些节目分门别类上传到我们的新官网之后，收听这些古早的节目便成了我们之后很长一段时间内的一大乐事，其中最早的可以追溯到1996年的两期送旧节目，这些节目无论是制作的方式、节目的音质还是播报的方式都充满了时代的印记，瞬间就可以把听众拉回那个久远的世界，而被讨论最多的就是开篇所提到的那期节目——《天涯猎户星与生活诗人》。

这期节目充满了2001年厦大电台节目制作的特征，节目的主体来自期刊的摘录，而电台编辑则在前后加上了自己的评述以及片头片尾，进行总结和升华。而我回忆我的厦大电台总是绕不过这一期节目则更是因为这一期节目的内容吧，节目内容来自一位男孩和一位三十多岁作者的对话，男孩负责对他的青春进行回忆，作者则负责对过往想象和现实的针砭和厘清。就像我们无法分清男孩和作者究竟是不是两个人一样，分清现实和回忆、诗歌和生活有时候就是那么不容易，我们很容易就会像那位作者一样担心美好的回忆会耽误对现实的厘清和进步。厦大电台作为一个符号在我心中太美好了，甚至不用回忆，所以每当触及，这种美好和担心就会让我想起这期节目。

第三次和这期节目邂逅是又过了几年，电台组织了台庆，我们试图把所有曾经的台友都联系起来，电台是我们的一个家，如果有人走失了，我们希望告诉他：那个家，他还在。那是一个微信还没有诞生的年代，但我们发现曾经的厦大电台一直在以他们自己的方式存在着，20 世纪 90 年代、21 世纪初，不同时代的台友各自以他们各自的方式保持着联系。那次台庆很成功，甚至有远在海外的台友回来参与聚会，看着他们各自聊着他们各自的厦大电台，我们也在心里勾画着一个个不同时代下的厦大电台。

其中有个学姐问我："你们知道我们那时候有一期神节目吗？"她周围的小伙伴一听就兴奋地应和了起来，当我知道就是那一期《天涯猎户星与生活诗人》的时候，我也不由自主地为这种奇妙的缘分兴奋了起来，给她们介绍我们对电台历史的发掘、保护和保存……

这些不是我与《天涯猎户星与生活诗人》的所有相遇，我想你们总会允许我留有一些小秘密和小美好在我的心中，这也不是我在厦大电台的全部，甚至都不是重点，因为这些与电台忙碌的日常工作并不搭边，我想为你们介绍我在厦大电台这么多年陆陆续续认识的一百多号人，我想给你们介绍我们每周十五期节目的制作，我想为你们介绍我们兼顾学业的同时日常工作到后半夜的生活，我想为你们介绍我们作为校园先锋文化的水准和想走出校园与那些商业电台掰掰手腕的理想，我想为你们介绍我们新官网的清新、简约、时尚并且都是来自我们自己台友的作品，但值此厦大百年校庆之际，想说的却化为了我与《天涯猎户星与生活诗人》的这些邂逅，也许是因为日常太琐碎了，也许是因为我已经不是那个充满了骄傲的回忆的男孩，而成为那个三十多岁的作者。

这是我第一次这么仔细地打量“厦大电台”这四个字，它是厦大和电台组成，它继承着我们对厦大的美好情愫，也有着我们对电台的美好想象，有的人因为觉得大学就应该参加学生电台所以他来了，有的人因为想要参加厦大的学生机构所以他来了，但最终我们都因为她是“厦大电台”而留在了这里，成为拥有诗歌般骄傲情怀的男孩女孩。 也许今天你还是那个男孩或者女孩，或者今天你已经成为那个作者，但今天因为厦门大学百年校庆，我们又聚在了这里，诗歌与生活相聚在了这里，让我们一起祝厦门大学：“母校，一百岁生日快乐！”

那段与声音有关的长长时光

◎ 宋 颖 厦门大学人文学院 2013 级博士研究生

◎人物简介：

宋颖，厦门大学语言学及应用语言学专业 2009 级硕士研究生，中国现当代文学专业 2013 级博士研究生。曾担任厦门大学广播电台副台长、编辑、播音，厦门音乐广播兼职主持人。在校期间获厦门大学优秀共青团员、厦门大学党委宣传部优秀记者、厦门大学广播电台优秀播音，参与制作的广播节目曾获十五届全国高校广播（电视）工作研讨会一等奖、二等奖等荣誉。

一、起·结识如归家

2009 年 10 月，我进入厦门大学广播电台。那一年，已经是我做主播的第 5 年。

没错，跟很多进台之前相关经验一片“空白”的电台同学们相比，那时我已经在云南大学广播电台经过了本科四年的训练，做编辑、主播、编导，主持、策划、创办、审核新的广播栏目，已经算是一个有鲜明个人风格的成熟主播了。

所以从一开始，我就是抱着“找同类，回组织”的想法来的，进入电台的过程也还算顺利。

不过当时的确没有想到，这一待，竟然就是十几年，人生后来的走向甚至都多多少少与它有关。此刻回想起这些年来的一切，如梦幻泡影，又如夏日繁花。

二、曾忆少年时

那时候的厦门大学广播电台，各组独立，各负其责，组织严密。之前几年的工作里，我一直习惯自己写稿子自己播，所以播音组和编辑组的考试都参加了。当时录取我的是播音组，后来在实习期询问当时台长，我能不能继续这种工作模式时，他告诉我，电台那几年没有过同时兼任两职的先例。我就跑去找当时《书式生活》和《自由音乐》两个节目组的负责编辑，跟着一起学剪辑，写稿子，跑实习。等实习期结束，也成了当时台里第一个所谓的“编播一体”。

那时候的电台，在分工制度上已经非常成熟严谨。但同时，播音和编辑、栏目有一种隐约固定的合作关系——好像录娱乐节目的就不能录体育，做《心灵广场》的去录《校园相对论》就很奇怪……更有我很喜欢的编辑，在我找到他们约节目的时候，他们跟我说：“我们的组合都是从我们自己的实习期起就搭配好的……”因为大家私下的感情也很好，节目的人员配置呈现一种不是按主播风格和内容的匹配程度来决定的状况——无论是编辑还是主播，都好像被一种惯性运转的思维模式束住了手脚。而当时的我对什么节目都感兴趣，什么都想尝试录一下，就一直琢磨着，可以做点什么新尝试。

2010 年换届时，我做了分管播音组工作的副台长。因为编辑组的人手不足，同时还兼任了《娱乐风暴》和《书式生活》两个节目组的责任编辑。那时候的编辑组成员大部分都是跟我同级的硕士研究生，当届电台的学生骨干成员又刚好跟我年龄相仿，想法一致。我们讨论过电台现状之后，就决定进行一轮大的调整。

之前的责任编辑，权责有限，基本上只负责给本节目组内的节目和人员做简单的排班。我们商议决定，建立“责任编辑中心制”，扩大责任编辑在纳新培训、节目定位、单个节目组建立方面的自由。所以这就打破了之前的固定组合，让编辑有更多创作上的权限，可以自行按照节目风格和审美属性来选择合适的播音员，只以节目质量和匹配度作为选择标准。以这个决定为基础，当年在纳新时就增加了各组的入台人数。

“工欲善其事，必先利其器”，当时的电台软硬设备也亟须更新换代。硬件方面，早年录音时只有老式的鹅颈话筒，很难做到收声的高质量。主播们为了做到不喷麦这一最基本的要求，每次录音都不得不随时调整与话筒间的位置，要兼顾情感上的表达基本上无从谈起，声卡、调音台等设备也都已老化。经费申请通过以后，我们在当时资金允许的范围内把各种设备都进行了升级。之后几年里，电台在这次硬件更新的基础上，在每一届的领导班子主持下，在电台指导老师的支持下，以“遇到问题就全力解决”为原则，不断改善收声条件，在设备方面始终尽量保证录音室环境的专业性。而软件方面，之前限于技术能力问题，网站建设、节目预约包括节目点评方式比较传统陈旧（虽然对比国内其他高校电台来说，其实已经走在了前列）。当时的机务组副台长赵越发挥自己的专长，重新组织设计规划，一举实现了数字化更新。之后的几任台长、副台长一直在技术上保持开放和探索的态度，持续有效地让技术辅助成为工作效率提高的有力保证。

节目当然更是电台的核心问题了。现在开学期间，周一到周五每天傍晚播出、深受大家喜爱的专题节目，在 2010 年秋季学期纳新结束以前，并非周更节目——因为人手不足，节目要每两周才能更新一次。主播们没有明确的播音风格取向，前辈没摸清，后辈也只能跟着一头雾水地做。于是，在分析了当时电台的优势以及国内校园电台的风格特征以后，我们将发展的重点放在了原创专题节目的丰富以及资讯节目的创新上。2010 年纳新季，专题节目的编辑队伍和不同风格的主播人数被有意识地扩充，人员分配上进行更多前瞻性的考量。在“责任编辑中心制”实施以后，那一年电台的在台人数翻倍，傍晚的专题节目实现了周更，网络平台上传及时，电台人数的扩编迅速完成了，节目更新频率提高后，质量也稳定提高，风格和审美逐渐成型。之后的厦门大学广播电台节目收听率稳固攀升，影响力和传播力也越来越大。

改革完成一年以后，我们就可以很骄傲地说，我们是国内高校电台的前三，原创、成熟、标杆。此后，无论是在各大声音平台的收听率，还是参与全国广播（高校）工作研讨会时的屡屡获奖，这些都验证了当时选择和决定的正确。

三、缘去复又来

2012 年硕士毕业，我第一次考博失利，离开了学校。那时候我以为，自己跟这所校园的缘分已尽。

但没过多久，我决定再战。在家复习了大半年后，2013 年的 3 月，我又回到母校参加博士研究生入学考试。那时的电台已经换了新的成员，也有了新的指导老师——蒋丽老师。她和我年龄相仿，后来在电台彼此陪伴，成为亲密的朋友。考试结束后，我没有离开厦门，在学校里等待考试结果，和大家继续相伴。

那时正是春天，白天时常会下一场雨，然后放晴。

在等待考试结果的那段忐忑的日子里，只是闻到空气里面隐约的花香和柠檬桉散发的皂角一般的味道，就让我想要回来继续读书的渴望强烈到无以复加。那时候还跟当时的台长姜键骏开玩笑，我要是考上了，就回来再跑一遍实习期。

天遂人愿，我回了厦大，接续了一段在厦园的旧时光，开启了一段与声音相伴的新时光。

到了这个阶段，与其说我的播音技术成熟，不如说进入了瓶颈期——我已经很长时间都卡在一个声音很好听，但无法惊艳到自己、让自己满意的状态里，又不知道该如何改变。而那个时候，我已经是台里“辈分”最高的主播了，没有能用经验给我做指导的前辈——从 2010 年起，除了在家准备考博的那一年，厦大电台播音组专题频道的新人培训工作都由我负责。无前路可走之时，机缘巧合之下，我进入了 2015 年厦门大学南强话剧社《恋爱的犀牛》剧组，饰演了女主角明明；同时考入了厦门市猫剧团，开始接受演员训练，做《莎士比亚笔下的情人们》的舞台监督，在海沧剧院上演的《美人计》中饰演影子关露；2018 年，在校园话剧《女仆》中担任表演指导（该剧是国内高校首次获得版权方授权的改编排演）。

戏剧表演的学习和体验，让我开启了新的视角：原来声音不只是一个手段和媒介，它是一种表演，是我们所看见听见、体验到的一切。我们学习和经历过的一切，当技术达标之后，最终抵达的是你对自己人格特征的认识，是你对这个世界的理解，是你与世界相处方式的选择，是灵魂与灵魂在某一未曾预料时刻的相遇……

我真正找到了属于自己的声音之路。之后每一年电台的播音培训，我都将自己新的领悟和过往的岁月分享给后辈，也许刚入电台时，谁都不能完全明白，但即使只是留下那一丝火苗的印象，我想，总归会是薪火相传，生生不息的吧。

2016 年的年末，一个很偶然的机会，我作为百人团成员，参与了中央电视台《中国诗词大会》的录制。2017 年春节期间，节目播出，影响反响热烈，在接受厦门音乐广播《蔷薇生活家》节目一次相关主题采访的时候，FM909 的主持人和领导洪岩女士了解到我的播音经历，问我要不要和她一起创作一档与古诗词相关的栏目。

制作了栏目片花，议定了节目形式，邀请了同学卢兰作为联合撰稿，我们创作的《我爱古诗词》从 2017 年 4 月起在厦门音乐广播开播，播出当周每天滚动播出 6 次，以诗词赏析、诗词故事分享、相关知识普及为主。刚开始每个月更新 2 期，播出后反响很好，自 2020 年起，增加到了每月 4 期，与古诗词的缘分就这样以声音为媒介，一直延续了下来。

四、重续旧时光

有一句话，叫作每个人都只能活在自己的时代。

从 2009 年到如今，我在厦门大学广播电台待了十余年，送走了一批又一批的同伴。2019 年，和几位已经毕业的同伴聊起过去的时光，以及大家在广播这件事情上的专业程度和精神寄托……我们想，何不让我们的电台时光以另一种形式延续下去呢?

我想起在网易云音乐软件上，曾经有一位听众给我留言说，他曾经通过网络平台收听我的节目。他是个程序员，每次敲代码以前，就去自己下载存好的音频库里，找出一期，一边听着，一边敲键盘。这已经变成

了他生活的一部分。

让一些孤独的人，找到寒夜里茅屋的入口；让追求自由的人，寻回自己的归属，看见身后坚实的根。我们的声音，我们的态度，也许有一点点可能，帮助我们在某一刻，与这世界上另一个素不相识的生命，在同一个时空相遇。

我们要做的是这样一件事。以我们的方式，试着在孤岛之间，搭建出一道道可以通行的链条。用我们的声音、力量，不只是帮那一小群人，而是帮一个短暂时代里和我们是同类却从未谋面的人，留住属于他们的时光。

我们开始联络一些彼此相熟的已毕业的伙伴，以及各自熟识的志同道合的朋友们，以厦门大学广播电台台友以及私人关系构建基础班底，创立了新媒体电台“动物 FM”。

2019 年 7 月，“动物 FM”正式上线，以原创概念电台的形式进行工作，在微信公众号、蜻蜓 FM、荔枝、喜马拉雅等各大音频平台都有更新，还在 2020 年初与十点读书签订了合作协议。

我们打造了一辆满载对“真实和希望”憧憬的，驶向远方的，记录普通人时光与故事的有喇叭的绿皮火车。火车有不同的车厢，会有“动物”上车下车，也会有远方陌生人的来信。但只要我们的梦不断，这列列车就永远会行进在我们的耳边。

2020 年初，新冠病毒疫情暴发时，“动物 FM”在第一时间联系前线援助的医护人员和他们的家人、支持性的心理咨询师、自觉隔离于家中的人员……连夜赶工制作出一期期相关节目。

每一个个体在这个大时代能做的事情都微乎其微，但作为“我们”，做一点力所能及的事情，世界不也正是因每一个普通人这一点点的积累，而变得不一样的吗?

五、结·一生相伴

声音，一直在以不同的方式，重现着我与这所校园所有的记忆，提醒着这所大学教会我的思考、传递给我的精神，延续着与那段青春时光有关的友情和爱，记录着一个属于我们的时代。

它是厦大送给我的，最美的礼物。

我想，这份礼物，会伴我一生。

“音”缘厦大电台，邂逅多彩人生

◎赵 越 厦门大学无线电物理专业2009级硕士研究生

◎人物简介：

赵越，厦门大学物理系电子信息科学与技术专业2005级本科生，电子科学系无线电物理专业2009级硕士研究生。现于新华网股份有限公司担任技术管理。在校期间曾担任厦门大学广播电台台长、物理与机电工程学院美工部部长、学生社团联合会策划部部长；在校期间获厦门大学党委宣传部优秀记者、广播电台优秀机务、学生社团联合会优秀学生干部、校三好学生等荣誉称号。

转眼间已经从厦门大学毕业8年，还清晰地记得2012年6月底的那一天，我拖着行李离开校园，在机场与送行的同学们挥手告别的那一刻，犹如一张永久不会褪色的照片深深印在脑海中。毕业各奔东西，不知何时才能再相逢。如今，校友们都在事业上辛苦奋斗，偶尔闲聊时都会说“百年校庆时见”。说着说着，百年校庆真的已近在眼前，而那些被繁忙工作尘封的厦大校园回忆被突然打开了。

18岁的我，带着美好的憧憬从北方城市来到厦门大学，当时也没想到会有幸在厦门大学连读7年，现在厦门这座城市已是我的第二故乡。从厦大毕业，收获的不仅仅是学历学位、知识技能，还有为人处世的道理、打开新世界的钥匙、真挚的师生感情和温馨的校园记忆。在这7年里，除了努力完成学业，我也参与了很多学生工作。在漳州校区加入了学院的网络部，回到本部加入了广播电台、社团联合会、学生会网络部。这些学生工作让我得到了多方面发展，对我的生活、工作、学习都起到了很大帮助。在这些学生工作中，最让我难忘的当属厦大电台。从2007年大三加入厦大电台，到2012年研究生毕业，我在厦大电台的学生工作上付出了大量的时间和感情。虽然已毕业多年，但直到现在我仍在帮助厦大电台更新维护着电台官方网站。这是我一直以来深爱的集体，也是在校期间最精华时光之一。

一、邂逅厦大电台——从一名小机务做起

舍友是厦大电台机务，电台遇到一些技术问题时，他经常会找我帮忙解决。有一次，电台的录音电脑故障，我去录音室帮忙修电脑的时候正好遇到当时的台长，在解决了电脑故障后，台长觉得我的技术水平还不错，再加上舍友的推荐，我就顺利加入了厦大电台。在参加了几次电台工作后，我切实地感受到厦大电台是一个阳光、有爱、文艺的集体，让我非常有动力，始终保持着积极性去参与每次节目录制，专心做好自己的机务工作。

二、主管电台机务工作——推动电台数字化发展

大四的时候，由于保送了本校研究生，可以有更多的时间投入学生工作。当时负责指导厦大电台工作的马进龙老师推举我为副台长，主管电台机务工作。那时正是国内互联网逐步兴起的时候，而网站是电台宣传工作的重要利器，作为一名理工科学生，首先想到的就是把电台的节目资

产数字化。由于历史原因，很多往期节目都保存在了磁带中，第一个“工程”就是把这些磁带转化成数字格式音频。于是，整个机务组加入了这一“工程”中来。大家利用课余时间，翻箱倒柜，把好几箱的磁带找出来清点整理，花费了很多天的时间，将它们一一转成了 MP3 格式音频，把前辈们的作品更稳妥地保留下来。这项“工程”为后续的电台网站建设奠定了很好的基础。

三、主持电台学生工作——打造团队文化、提升节目质量

在 2009 年大四第二学期的时候，我被任命为厦大电台台长，主持电台总体管理工作。从一名机务工作者转变为管理者，确实责任重了，压力也大了。但正是因为电台温馨有爱的环境，让我更有信心也更有动力做好这项工作。为了让电台团队文化沉淀承传下去，我带领电台的骨干成员组织策划了多次团队建设活动，让不同小组的成员更加熟悉，增进团队感情。最让我难忘的一项工作是布置全新的电台工作环境。当时电台工作条件比较简陋，厅里没有灯，晚上录制节目都要摸黑进入录音室，地面、墙壁、桌椅等办公环境和设备都很陈旧。为了让电台有“家”的感觉，我号召电台全体成员发挥主观能动性，一起装扮电台。大家非常愿意贡献出自己的物品甚至勤工助学的收入来建设电台的“新家”。我们给厅里安上了日光灯，贴上了墙纸、铺了地板，购置了一些二手家具，设置了专项经费采购纸杯、零食、咖啡等日用品，让电台更有“家”的味道。

当时的电台网站已运行多年，视觉设计和技术较为陈旧，于是我决定全新改版电台官网。大家集思广益，共同规划新版网站。由非常有设计

感的电台编辑蔡歆洁同学进行了网站主视觉设计，联系了软件学院的学生来开发网站，最终上线了厦大电台官网 2.0。

为了进一步提升电台节目质量，我带领着电台骨干成员统计分析各类节目的收听率，调研学生喜欢的内容形式，下线收听率一般的节目，策划并上线新的专题节目。同时，加强对节目内容的审核，保证节目的导向性。随着学校对电台工作给予更多的支持，电台也更换了更专业的麦克风、调音台、声卡等录音设备，节目质量更上一层。

电台工作设备

电台真正成为团队的“家”，这里有生活、有工作，也有喜怒哀乐，吸引着更多优秀的学生不断加入电台，电台队伍不断壮大。

四、退居二线——专注电台网站建设

在担任台长的两年时间里，我成长很多，收获很多。研二开始我面临着更多科研和求职压力，于是卸任台长职务，结合自己的专业技术特长专注于电台的网站建设。为了改善电台录音室的预约沟通问题，我们研发了电台专属的预约平台，搭建了内部的论坛社区，方便收集节目点评和交流讨论。

在临近毕业时，我与当时担任编辑副台长的上官仪同学合作创作了厦大电台的原创歌曲《录音棚里的世界》，在其中负责编曲工作。虽然不是音乐专业出身，但我们也希望利用自己的艺术特长，把这份感情保留在这个沉淀着大家多年感情的小小录音棚里，传播在广阔的校园楼宇间。

《录音棚里的世界》录制现场

五、心系电台——毕业后继续更新维护电台网站

毕业参加工作后，我们设计理念和技术水平突飞猛进，这让我更有信心独立建设全新的厦大电台网站，弥补在校期间没能亲自重构电台网站的小遗憾。2014 年，我利用工作之余，用当时的主流新技术独立设计开发了厦大电台官网 3.0。当时指导电台工作的蒋丽老师给予了大力支持。由于新旧技术跨度较大，旧网站的节目不能直接导入新网站，当时担任台长的姜键骏同学召集机务同学将全部节目逐个重新上传至新网站，为网站改版做了一份一劳永逸的工作。

厦大电台官方网站 3.0

互联网发展迅猛，我希望厦大电台官网也能搭上互联网的快车，在高校广播电台网站中脱颖而出。于是在 2016 年，我又独立设计开发了厦大电台官网 4.0。网站在设计理念、技术水平以及安全性、稳定性方面都有

了很大的提升。经过厦大电台官方微博的宣传，新版网站上线后不久，也有很多其他学校的广播电台学生私下联系我，请教我网站设计开发的相关问题。这让我对自己为电台的付出又有了一份成就感。

厦大电台官方网站 4.0

2019 年底，我通过电台同学了解到，由于电台服务器系统升级，旧版预约平台已无法使用。于是，利用春节假期，我全新开发了新版预约平台，让服役了 10 年的预约平台 1.0“安心退休”。为顺应移动互联网的发展，新版预约平台更适合在手机上使用，极大便利了电台工作。

很多人问我，是什么让我能始终保持对厦大电台的热爱。我说，在厦大电台 5 年建立起来的真挚感情是陪伴我一辈子的，虽然大家毕业各奔东西，但那种纯真的感情永不褪色，多少年后，花开依旧。为母校的付出没有截止日期，既是回报，也是感情的抒发。

衷心祝贺我的母校厦门大学迎来百年校庆！祝福厦门大学广播电台越来越优秀！

行于厦园

◎ 郑珍荣　厦门大学经济学院 2017 级本科生

◎人物简介：

郑珍荣，厦门大学经济学院财政系税收专业 2017 级本科生。在校期间积极参与各类竞赛，如全国大学生英语竞赛、网络安全知识竞赛、化学知识竞赛、中医药知识竞赛等；积极参加各种类型的志愿活动，努力为校园出一份微薄之力；加入“厦路一驶”实践队，参加公共资源市场配置相关问题研究的大创项目；曾获道家传统文化征文比赛三等奖。

在红领巾鲜艳的孩提时代，我就时常在梦里遇见：海浪镶着白色蕾丝的裙摆在风里轻轻摇曳，听海浪由远及近与沙滩呢喃细语。海，在我的心里一直是神圣的存在，每每读到关于海的文章就激动得不能自已，她召唤着我走出大山走向她。终于我义无反顾选择了厦门大学，为着厦大白城校门外用半月形天桥连接的那片海。

当我第一次站在松软的白城沙滩上，海就在我的眼前一望无际而触手可及，海连着天际处漂着的几只似动非动的大船，风带着遥远的味道徐徐吹着使海无法平静……突然，我身后响起轻轻的钟声，那是来自厦大的呼唤……

天微微亮的时候，我踏着轻轻的脚步走出沉睡的宿舍区，沿着草色葱茏的小路走向波澜不惊的芙蓉湖，依然惊到了早起的鸟儿，那是我不愿意的。潜伏者似的一身漆黑的乌鸫低着头忙不迭地往远处跑，停下来再高高地扬起脖子沿着它金黄的喙将炯炯的目光久久地投向你。它们的紧张兮兮也带动起原本并不怕人的鹊鸲，低低飞走，停在不远处，一边婉转地啼叫，一边一上一下地曳着扁平的尾巴。芙蓉湖对面就是雄伟的嘉庚主楼，左边是有着绿色屋顶的科艺楼，它们在芙蓉湖面上倒映出更加鲜活的另一半。湖里游着厦大著名的黑天鹅，优雅地在身后留下长袍似的水痕。湖边还会有一群鸭子，领头的是绿毛公鸭，周围是三五只温驯的颜色暗淡的母鸭，情愿的时候，它们会嘎嘎嘎叫唤。芙蓉湖那边的榕树上多毛茸茸的小松鼠，间或碰下很小颗的坚硬的榕树果，“啪嗒啪嗒”地响一会。运气好的时候还可以遇见睡眼惺忪，甚至有精神不振似的水鹭，它瘦长的身体披着棕褐色的长毛，又长又细的腿浸在水里，小小的头颅上长着细长的便于捉鱼的喙。它缩着脖子，寿司似的蜷着一动也不动，倒像是披着蓑衣独钓的隐者，风里雨里宠辱不惊。那些矮小的灌木丛里藏着蜂鸟大小的柳莺，它们可以轻而易举地立于小小的枝叶上敞开嗓子歌唱。甚至也会有羽毛艳丽的太阳鸟，扑腾着翅膀用细长的喙吸食甜甜的花蜜。芙蓉湖里还有一块大石头，是白鹭喜欢待着的阳光地带，太阳大的时候，还会有一群乌龟在上头静静地晒着。芙蓉湖畔还有大片的桂花树，但开得不如家乡旺盛，在桂花开放的时节，我喜欢一个人来这里散步，寻找最浓的桂花香，寻找淡淡的回到家乡的错觉……早上到了七点左右，芙蓉湖对面嘉庚主楼前面就会有一群学生升上鲜红的国旗，连着湖里荡漾的倒影，使周边的一切都感染上庄严的气氛。

离开芙蓉湖走上校园的大道，两边多是高大的常年绿色的杧果树，在盛夏时节，它们还会长出香甜的绿芒，抬头望去甚是可爱。在西村校门走进来的道上，两边却是笔直高大的大王椰子树，在天气晴朗的时候，这里有最美的风景。仔细寻找，你还可以在厦大的校园里发现龙眼树、木瓜树、波罗蜜树、柿子树、樱桃树……厦大倒像是硕大的果园，清爽的海风吹拂着桃李芳芳。

早晨的时候除了芙蓉湖是个安静的好去处，情人谷也是我欢喜的地方。一个人早起，一边欣赏路边的景色一边沿着斜坡慢慢往上走，可以听着各种鸟的啼鸣，或者停步凑近一树山茶花，为着它的娇美啧啧赞叹。走到情人谷，靠着冰凉的石栏杆，我喜欢探出身体望向波光粼粼的水面，观看成群结队的鱼悄无声息地游动。然后转身沿着石头路慢慢走，水边会有老翁在钓鱼，那里还有一棵桑葚树，这也是我看见它脚下落满的果实才知道的。路起起伏伏，正合着心里的旋律，两边都是茂盛的花草树木，整个身体都灌满了新鲜空气。再走远一些，那里有一段短短的拱形木桥，靠在桩子上，往下望也是一池清水，水里密密麻麻的鱼却不怎么动，只有哗哗响亮的流水声，时常想起那关于鱼之乐的争论。池边还有茂盛的水葫芦，还会有大只的白胸苦恶鸟在那里觅食。那里尤为神奇的是大得出乎寻常的龙舌兰，一棵芯子直直地长，仿佛要刺破苍穹……

周末无事的时候，穿过芙蓉隧道去学生公寓倒是顶好的消遣。芙蓉隧道出入口的墙上，长满了爬山虎，在爬山虎生长旺盛的季节，满墙油亮的深深浅浅的绿色，风一吹就波浪似的荡漾起来，目光放在这种波浪里，所有烦恼都被一扫而光了。芙蓉隧道里头是形形色色的涂鸦，每一幅画都有它自己的故事，都是适合拍照的背景。走在芙蓉隧道里，就仿佛进了时光机，从厦大本部到厦大学生公寓也确实不只风景的区别。厦大学生公寓的一切都显得更加亲民一些，有平民的美食：烤地瓜、煮花生、蒸玉米，更有物美价廉的水果和配料丰富的水果捞。厦大学生公寓适合约上朋友在晚上一圈一圈地转操场，因为那里人更少，喧嚣更少。

躺在厦大本部上弦场人少的草地上，白天或者晚上，背着手看天，或是湛蓝深邃的蓝天，或是星光璀璨的夜空，或是飞鸟疾驰而过，或是亮着夜灯的飞机缓缓而过，可以进行深刻思考，也可以什么都不管不顾。

对海的向往使我选择了近海的厦大，而当海与我咫尺之间后，我突然发现，我向往的原来不只是真实的海，更是海一样美丽又丰富的生活，这样的生活如今来自厦大，不仅是物质上的，更是精神上的。不远处有海浪的絮语，近旁有大钟的轻吟；湿暖的海风灌进衣袖，智慧的知识渗入头脑……

一道海浪彻底抹平了我写在沙滩上的字，但抹不平我心里的“爱厦大”。

心之所向是祖国

◎ 齐笑婕　厦门大学台湾研究院2018级直博生

◎机构简介：

厦门大学台湾研究院的前身为厦门大学台湾研究所，成立于1980年7月9日，是海内外最早公开成立的台湾研究学术机构。台湾研究院始终以“历史地、全面地、实事求是地认识台湾，促进海峡两岸学术交流，为祖国统一大业服务”为宗旨，致力于“理性、客观、全面、深入”地研究台湾政治、经济、社会、历史、文化、文学、教育、法律、两岸关系以及涉台外交等问题，是目前中国大陆高校中规模最大、学科最全、成果最多的台湾研究学术机构，不仅创下了大陆高校台湾研究的多个“第一”和“唯一”，在国际学术研究相关领域也获得较高的声誉。

三年前，我初遇她时，他37岁，眉宇间一派英气，不高也不矮，不胖也不瘦，打扮得质朴而又素净，瓷白色的西装配着天蓝色的衬衫，领带上是凤凰花的花纹，给人以文质彬彬的儒雅感，胸前的“葡萄树与磐石”的徽章刚柔并济，显得格外别致。在浓墨重彩的人群中，她让人耳目一新。

未曾遇见她时，她的大名早已如雷贯耳。她的诞生，既是“众望所归”，也是“时势造英雄”，带着荣耀也担负着使命。她是经过时任中央对台领导小组组长邓颖超、中共福建省委第一书记项南、教育部长蒋南翔等领导亲自批示成立的教育部和福建省共建单位；是“海内外最早成立的台湾研究学术机构”，主办过全国最早创办的专门研究台湾问题的学术季刊，不仅承担和完成国家和省部级的大量科研课题，还完成了各级对台工作部门委托的大量调研课题……本以为这样久负盛名的人，一定会有恢弘的排场，却不曾想是这样勤谨低调。盛夏繁华，她却像天空中一朵漂浮的云，静默而恬淡，仿佛俗世的繁华皆与他无关。

初见时，她的言谈很亲切，在厦门的食宿游学，她都一一安排妥当，大到每日的行程，小到住宿的用品，无微不至，时时给人以春风拂面的感觉。而让我最是惊艳的是我们的第一堂课。彼时的我，不过是一个大三的本科生，对于台湾研究仅仅有一个模糊的印象，除却血液中的爱国情怀，乏善可陈。犹记得那时她谈及梦想时，那样坚定的目光，那样激昂的言谈，那样殷切的盼望，许多词句仍言犹在耳，唯这两句念念不忘——“祖国必将统一，中国必将振兴。”口号一样的话语，却是他的日思夜想，心之所向。

大概是因为念念不忘，必有回响，后来我们结下了不解之缘。她是我的学院——厦门大学台湾研究院。

艰难斑驳了岁月，风霜刻进了皱纹，南派泰斗风骨犹存。以陈孔立教授为代表的老一代学者为了台湾研究倾尽一生。我未曾见过他们年轻的模样，只是有幸目睹他们如今的辛勤。若你每天七点半从白城校门走过，也许会遇见一位白发苍苍的老人，提着一个台研院的手提袋，步履蹒跚地路经南光餐厅、科艺中心，走过群贤楼群，抵达台湾研究院。他退休多年，却仍是始终如一地坚持。

台研院的一楼是一层小小的图书馆，摇动式的书架珍藏了大大小小的台版书籍。陈孔立老师时常会来借阅。老师查书的方式很原始，笔记本上抄录着索书号和书名。很多时候，他总是放下手提袋，一个人在书架间慢慢地找，默不作声。负责图书的华姿老师和值班同学会主动上前帮助，他很客气，总是要先找到一本，才会坐下慢慢翻阅，再拜托给我们去找其他书。那些书籍涉及历史、政治、经济、地理等诸多领域，每一本书都带着灰尘的味道，是经典的书籍。年逾九十的他身体不再灵活，有些书籍放置在最下层的书架上，需要蹲下才能取到，他总是想要自己动手，却也总是被老师和同学们“阻拦”。某次适逢我值班，孔立老师带着他的本子来阅览室借书，我请老师坐下稍等，老师却执意要一同找书。这一次要找的书有十几册，找到第一本后，孔立老师才在书桌前坐下，把书单转交给我。他坐在书桌前缓慢地翻阅着手中的书籍，那是台湾文献丛刊中的一册，里面的纸张泛黄而发脆，老师慢慢地翻动着，口中轻轻地念着指尖的文字。沉重的呼吸声在图书室中显得格外清晰。有时，老师会忘记带借书证，极为客气地问我是否可以帮忙借阅，我应声允下。孔立老师每次借的书不多——三到五本，借阅周期很短，大致三到五天就会

陈孔立老师在院图书室内阅读资料

归还。需要校对的文献多时，孔立老师总会带着需要校对的片段而来，坐在书桌前一字一句核对，淡漠而郑重，阳光透过窗户，隐约可见老师额头的丝丝汗珠。年逾九十，笔耕不辍，孜孜不倦，诲人不倦。每学期都会有孔立老师的独家讲座，讲台上的他精神抖擞，意气风发，讲起台湾的历史与政治，滔滔不绝，大有挥斥方遒、指点江山的气魄。我想，那就是择一事，终一生的坚守吧！以国之重担为己任，热爱如斯，欣然往之。

知无央，爱无疆。种得桃李满天下，心唯大我育青禾。当老一代的学者缓缓老去，新一代的学者也成为时代的栋梁。新一代的他们，从祖国走出去往世界各地，又满载行囊陆续归来。他们坚守着老一代人的学术品格，又有着新一代人的学术理念。在图书馆中，时不时便会收到一批又一批的赠书，它们自台湾漂洋过海而来，有时是老师们外出开会的受赠，有时是老师们自掏腰包购得，它们都作为最新的资源在这里共享，新一代的他们时值壮年，意气风发，日日夜夜灯火通明的台研院始终有他们忙碌的身影。无论寒暑，不管节假，灯下永远是静默的思想者。

如果说老一代的学者是秋天的果实累累，新一代的青年学者是夏日的枝繁叶茂，那么求学中的我们就是春日的秧秧细苗，努力地汲取雨水与阳光。课堂之上，聆听老师的教诲；讨论之中，唇枪舌剑碰撞出思维的火花；课堂之外，文思泉涌；实践之中，感悟真知。心中有阳光，脚下有力量，我们就这样一步一步接续着梦想，步步向前。

一介书生，国之栋梁，一片赤诚，一生奉献！一切都与祖国血脉相连。这是每一代台研人的使命与担当。厦大台研院始终通过学术研究和学术交流追求海峡两岸的和平合作，不忘推动两岸关系的和平发展，推进祖国和平统一进程的初心与使命。我们坚信分离再久，也改变不了我们的血脉，海峡再深，阻隔不了两岸人民的心；一代有一代的努力，一代有一代的奉献，而世世代代不曾改变的是我们的血脉相连。同舟共济四十载，奋楫扬帆再出发，不忘初心砥砺行，心之所向是祖国。

吾师印象记

◎ 齐仁达　厦门大学人文学院历史系 2003 级本科生

◎人物简介：

侯真平，厦门大学历史系荣休副教授，曾兼任厦门大学出版社副总编、厦门大学古籍整理研究所副所长等职。1982 年毕业于厦门大学历史系，获历史学学士学位。著有《黄道周纪年著述书画考》（厦门大学出版社，1994 年、1995 年），点校有《黄道周年谱》（福建人民出版社，1999 年）等。

王日根，厦门大学历史系教授，厦门大学人文学院副院长。分别于 1985 年、1988 年、1994 年获厦门大学历史学学士、硕士、博士学位。著有《乡土之链：明清会馆与社会变迁》（天津人民出版社，1996 年）、《耕海耘波：明清官民走向海洋历程》（厦门大学出版社，2018 年）等。

钞晓鸿，厦门大学历史系教授，厦门大学图书馆馆长。1991 年、1994 年毕业于陕西师范大学，获学士、硕士学位，1997 年毕业于厦门大学历史系，获博士学位。著有《生态环境与明清社会经济》（黄山书社，2004 年）、《明清史研究》（福建人民出版社，2007 年）等。

李智君，厦门大学历史系教授。2005 年毕业于复旦大学历史地理研究中心，获历史学博士学位。著有《关山迢递：河陇历史文化地理研究》（上海人民出版社，2011 年）、《风下之海：明清中国闽南海洋地理研究》（商务印书馆，2020 年）等。

厦大历史系是一个读书的好地方。

余缘也浅，在历史系读书仅四年，对历史系了解不多；余性也驽，未能尽窥诸师学问之堂奥。但是好的大学教育尤其是本科教育对人的影响是决定性的。回忆历史系诸师，虽性格各异，学问有别，对我的影响则是重大且久远的。故不揣简陋，谨记对数名老师的印象。一鳞半爪，且卑之无甚高论，方家置之不理可也。

一、侯真平师

侯师给我们上课时年龄已经比较大了（可能是给我们这一届同学上课老师中年龄最大的一位）。侯师给我最大的印象是望之俨然，听其言也厉，即之也温。上课声音不高，但很有力度，基本上是一字一顿，力求字字送入学生之耳。不苟言笑，即使开玩笑也只是淡淡地讲出。侯师是一位严师，但并不是一味苛责学生的老师。

侯师给我们上的是“中国历史文选”和“中国历史文献学”。我印象最深的是“中国历史文献学”。侯师并不在课堂上高谈阔论，而是把我们直接带到本部图书馆四楼的古籍部，让大家自己选择同一种书的不同版本做对校。当时大家都只是大三学生，对什么是版本、什么是校勘其实一窍不通。大家反复提的问题并不是如何选择好底本与校本，而是一种书怎么会有两个版本、没有两个版本怎么办这样看来外行又外行的问题。侯师并不介怀这些学生的根器浅、学识差，而是耐心给大家讲解文献学的基本知识，讲解版本、校勘的重要意义，讲解如何选书、如何做对校。

犹记当时为了选书、校书，我们基本将古籍部的古籍翻了一遍，古籍部的目录卡片更是翻了不知多少遍。想来真是一种幸运，现在不管是厦大或哪个学校的古籍部大概都不允许学生这样亲近古籍了，而亲近古籍、熟悉古籍该是历史系学生最基本的功夫吧。我记得我当时选来校勘的是明代李濂的《汴京遗迹志》。经过一个学期的对校，好不容易校完一卷，矮纸斜行写完交稿，算是勉强完成学期作业。

虽然时间短，但这一学期的学习确实给我们打开了一扇窗户，让我们略窥文献学、版本学乃至目录学的门径。后来读明清史研究生找文献资料时，也是反复咀嚼侯师在课堂上的教诲，方觉不至于太束手。在读研时因为偶然的机会参加《中华大藏经·汉文部分续编》两卷的点校工作，如果不是在侯师课上学了这方面知识，还真不知从何入手（当然我自己做得很差）。

2017 年毕业十周年回校时，我还见到了侯师。侯师年事已高，但仍热情参加了我们的见面活动。临别时，我们邀请侯师参加毕业二十周年的活动，侯师一口就答应了。

二、王日根师

王师给我们上的也是“中国历史文选”（该课两个学期，由侯、王两位老师分任）。当时用的是周予同先生编、朱维铮先生复校的那个本子。我记得第一课是甲骨文卜辞，王师信笔在黑板上写了一篇卜辞。我感觉敬畏之心油然而生，因为这些字于我就是天书，完全不识。期中作业是一段无标点的文言文，内容讲关、讥、征、助、彻。字基本都认识，但读不通、读不懂。反反复复读了好多天，才勉强点断交稿，幸而及格（其实没有真正读懂）。后来知道这篇文字可能是《礼记》中的一篇，我却没有再去对校《礼记》原文，看看王师到底出的是什么题目，就让它继续成为我模糊记忆的一部分吧。

王师很有学问，当时就是厦大历史系乃至全校最年轻的博导。但并无架子，也没有其他学校少年得志的青年才俊那种傲气。大四保研需要老师的推荐信，我联系王师，王师很快就答应了，而且非常认真地在推荐信上写上意见、签名。

2017 年毕业十周年回校，王师来与大家见面。谈起对诸位老学生的印象，如数家珍，说仍然记得我的本科毕业论文，而且电子稿仍保存在自己的电脑里。至今忆及，仍不免感慨。

三、钞晓鸿师

钞师是我的毕业论文导师。在漳州校区时，我与钞师接触并不多，因为他没有为我们开课，只记得他来漳州开过一次讲座，我跑去听过。后来大四需要写毕业论文，我就跟武勇同学一起选钞师做导师。钞师人很热情，我和武勇每次惴惴不安联系老师，要与他见面，而钞师总是很痛快地答应，并没有我们臆想中的种种“刁难”。每次都是在老师办公室谈，老师话不多，但很精炼，总是很敏锐而准确地点出问题所在。

我想写北岳恒山祭祀地点的转移问题，当时收集了些资料，但苦于不知如何入手，其实就是问题意识不明确，靶心不明确。我将这些困惑向钞师汇报了，钞师不假思索告诉我说，既然是北岳祭祀从河北移到山西，那要看一下有无军事方面的因素。后来我受此思路启发，重新去看资料、找资料。当我发现明人的《北岳庙集》中，有多名官员祈求岳神赐福，帮助抵御蒙人的内容时，我的兴奋感简直难以言表。后来很快据此思路写出了毕业论文。这篇毕业论文被评为系里的优秀毕业论文，修改后发表在核心刊物《史学月刊》上。想来也算是我平庸的本科生涯的一点点亮色。

与钞师谈论文时，他还把自己找的陕西历史文献拿出来给我们看，让我们比较前后两篇文献（县政府的布告）的差别。当我们茫然无语时，钞师说前后两篇公文一篇不谈中央，一篇大段引述中央精神，反映了政府权力在地方的扩张。做研究最基本的就是要善于发现“变”，研究为什么变。钞师这番变与不变的言语，我当时就记在心里，后来写研究生论文时也是反复思考和品味这句话。这句话实在可以“终身诵之”，算是做研究的不二法门，是发现问题、解决问题的指路之标。而且做人做事亦何尝不应反复诵读这句话呢?

2017 年回厦，与钞师相见。第一眼就发现，十年不见钞师竟消瘦许多，不再是当年意气风发的青年才俊，而已是一白发老教授的样子。钞师工作过勤，研究与行政都耗费了大量时间和精力，我只有反复恳请老师要多保重身体，不要太过拼搏。钞师是从善如流之人，说前期已经降低了工作强度，并且适当注意了饮食和锻炼，情况已经好很多了。

近闻钞师主持厦大图书馆工作，相信吾校图书馆定能在钞师带领下，大步迈上新的台阶。

四、李智君师

李师是一位极认真、极热情的老师。我们读大三时，系里开始为本科学生配学术班主任（不是辅导员，辅导员另有其人）。李师当时刚来厦大不久，就兢兢业业为我们做起了学术班主任。当时大家上了两年的课，都模模糊糊对做学问、写论文有点感兴趣，但其实并不知学问之路径在哪里。而李师就是那位热心接引吾辈之人。

我当时读新翻译的美国汉学家彭慕兰著作《腹地的构建：华北内地的

国家、社会和经济：1853～1937》。当时谁也没想到彭慕兰接下来的作品《大分流：欧洲、中国及现代世界经济的发展》会在中西学术界引起那么大的震动。

我读这本书仅因为它是讲我熟悉的华北。读后感觉其中有几处小地名（主要是德国人计划修一条从山东济南到河南的铁路沿线的地名）译错了，于是兴致勃勃写了一篇辨正文章，指出译者的错误。现在想来，这篇小材料连论文都算不上，顶多就是出版社校对的工作。而李师却对这样一篇稿子认真写批语，指出问题和改进的方向，而且给予很大的鼓励。当时我连在 word 文档中做脚注都不懂，用一根横线加上文字颜色表示脚注。李师并不嘲笑，而是专门在一堂课上不厌其烦地给大家讲论文的格式规范问题，可以说是我论文写作的启蒙课。

2006 年春，我们有机会跟李师一起赴武夷山考察。李师很认真地为大家讲解考察沿途的地理形胜。回来每个人都需要写一篇考察报告，我写了一篇武夷山茶叶市场的文章，现在想来极不成熟。而李师仍非常认真地提出表扬，而且细心地帮我修改。

读研时也经常就一些困惑向李师求教，李师总是不厌其烦予以解答，还帮我联系其他老师讨论学习上的问题。参加工作以后，我也时常向李师请教一些问题，李师仍是在百忙之中给予认真负责热情的回复。

2017 年回厦，与李师由午及夜，畅聊近十个小时。这不是一般的师生情谊所可比拟的。而这次畅聊确实对我人生规划有重大影响，一年后的我毅然决然地在小有成就的工作中调整航向，使我不至于完全被眼前所迷，能在兼顾各方的情况下瞻望一下诗和远方。想来，李师既是我的学术上的导师，又是人生的导航员。

五、结语

拉拉杂杂讲了很多，竟还有很多事没讲到，还有很多老师（比如饶伟新师、曾玲师、郑振满师、毛蕾师、张侃师、刘永华师、胡锦山师、陈衍德师）没有讲到。这些已讲和未讲的话归结起来不过“师恩难忘”四个字。回想起来，厦大和厦大历史系是一个很好的平台，为大家提供了开阔眼界、增强本领的良好环境。蓬生麻中不扶自直，我跟着每一位老师都学了很多东西，而非常惭愧的是，我作为学生并没有什么可以回报厦大和诸位老师的。长夜醒来，常为无可报万一而内疚。

唯有长祝吾师身体健康、教研各有丰收；再祝吾校兴盛长青，桃李天下；冀再定二百年之期，世界一流之高校早已巍然屹立于太平洋之西岸。